Die Macht der Metapher

D1726249

Gerhard Gamm

Die Macht der Metapher

*Im Labyrinth
der
modernen Welt*

J. B. Metzlersche Verlagsbuchhandlung
Stuttgart

Bibliothek Metzler

Band 8

Die deutsche Bibliothek – CIP-Einheitsaufnahme

Gamm, Gerhard:
Die Macht der Metapher: im Labyrinth der modernen Welt / Gerhard
Gamm – Stuttgart : Metzler 1992 (Bibliothek Metzler ; Bd. 8)
NE : GT

ISBN 3 476 00824 X

© 1992 J. B. Metzlersche Verlagsbuchhandlung
und Carl Ernst Poeschel Verlag GmbH in Stuttgart

Einbandgestaltung: Willy Löffelhardt
Satz: Fotosatz Dorner GmbH, Aichwald
Druck: Gulde Druck, Tübingen
Printed in Germany

Inhalt

III. ✓

Die Metaphorik der Wahrheit

Seite 56

IV. KEIN DEUTSCH MEHR

Die Schönheit des Ausdrucks und
das Erkennen der Sache selbst

Seite 89

V.

Symbole des Ursprungs

Seite 98

VI.

Wahrheit aus dem Unbewußten

Seite 127

Ich selbst weiss überhaupt nicht, und bin nicht. *Bilder* sind: sie sind das Einzige, was da ist, und sie wissen von sich, nach Weise der Bilder: – Bilder, die vorüberschweben, ohne dass etwas sey, dem sie vorüberschweben; die durch Bilder von den Bildern zusammenhängen, Bilder, ohne etwas in ihnen Abgebildetes, ohne Bedeutung und Zweck. Ich selbst bin eins dieser Bilder; ja, ich bin selbst dies nicht, sondern nur ein verworrenes Bild von den Bildern.

J. G. Fichte, Die Bestimmung des Menschen.

Vorwort

Was bedeutet es, wenn die postindustrielle Gesellschaft verstärkt ästhetisch bestimmte Signaturen aufweist und die Ästhetisierung der Lebensverhältnisse immer tiefer ins Mark der Gesellschaft schneidet? Was bedeutet es, wenn die Philosophie, anstatt an den methodischen Idealen wissenschaftlicher Erkenntnis Maß zu nehmen, sich an ästhetische Erfahrungsweisen anlehnt, die seit der Antike im Verdacht stehen, dem Schein und der Illusion in die Hände zu spielen? Diese Fragen deuten das Grundthema an, das in der nachfolgenden Studie mehrfach variiert und anhand einiger klassischer Begriffe und Themen des philosophischen Diskurses entfaltet wird. Insbesondere die Beiträge zu Selbsterkenntnis und Sprache (I.–IV.) sind dieser Problemlage verpflichtet. Es sind Denkmodelle, die zeigen, wie unter dem Druck der gesellschaftlichen Umstände und des kritischen Gedankens die (ethische) Idee der Selbsterkenntnis immer stärker in Richtung einer ästhetischen Interpretation des *Erfinde dich selbst* gedrängt wird; wie die Rede von der selbst herzustellenden oder selbst zu wählenden Biographie auf ästhetische Einstellungen und Normierungen Bezug nimmt, die Fragen nach dem Zusammenhang von Ethik und Ästhetik aufwerfen. Es scheint, daß sich am Ende der Moderne eine nachmetaphysisch bestimmte Erfahrung von Wahrheit durchsetzt, die ihr Modell an der Rhetorik hat. Die Moderne steht im Begriff, die Auffassung von Wahrheit in eine ästhetische oder rhetorische Erfahrung umzuwandeln.

Diese Veränderung verlangt danach, methodisch reflektiert zu werden. Entsprechend verfolgen die Texte die Absicht, Erfahrungsmodelle zu entwickeln, die in eigentümlichen Zwischenlagen aufgespannt sind: Wege zu finden, die zwischen der Skӯlla strenger Geltungsansprüche und der Charybdis bloßer Meinung hindurchzielen. Die Modelle zielen in Gestalt ästhetisch angeregter Reflexionsprozesse auf einen Erfahrungsbegriff, der fähig ist, das freie Spiel der Einbildungskraft mit den Vorgaben und Zwängen, wie sie dem diskursiven Denken entstehen, zusammenzubinden. Sie rekurrieren auf ästhetisch-rhetorische Selbst- und Weltverhältnisse, ohne sich ein kritisches Bewußtsein der Kosten zu verhehlen. Um mit Kant zu reden, die Modelle sind nicht »überschwenglich«; als eine Art des Denkens in »Parallelaktionen« (Musil) erinnern sie an die Schattenseiten, die eine ästhetische Interpretation des Denkens und Erkennens belasten. Diese Erinnerung verweist auf eine bedeutsame Differenz zu einer Gesamtansicht der modernen Welt, die im Bann des Fortschrittsmythos' Nietzsches Einsicht in die Dialektik der rousseauistischen Moderne nicht wahrhaben will. Bei aller Nähe zu ästhetischen Verfahrensweisen bleiben die Modelle skeptisch, auch sich selbst gegenüber. Sie sind nicht zu verwechseln mit dem modisch schicken Bewußtsein quasi-literarischer Diskurse, die glauben, nur weil zuletzt, ontologisch oder diskurstheoretisch, keine Gattungsunterschiede zwischen den Disziplinen eingezogen werden können, die provisorisch oder konventionell geregelten Unterscheidungen leichthin übersprungen werden könnten. Was bedeutet, die Modelle bleiben analytisch, auch wenn sie sich eingestehen, daß analytisches Denken stets auf nichtanalytischen, ästhetisch-rhetorischen Voraussetzungen beruht.

Erkennen und Handeln werden im ausgehenden 19. und 20. Jahrhundert weniger denn je in Abbild- oder Korrespondenzbeziehungen von Subjekt und Objekt fundiert. Wo weder das proletarische noch das Gattungs- oder Menschheitssubjekt, weder transzendentale Denk- noch universalgrammatische Sprachformen die Objektivität der Erkenntnis und die Moralität des Handelns garantieren können, werden Subjekt und Objekt weggeschmolzen wie die Polkappen der Eismeere. An ihre Stelle tritt der Gedanke, Selbst- und Weltverhältnisse über relativ freie, bedeutungschöpferische Akte der Welterzeugung zu begreifen. Der Gesichtspunkt der Welterschließung dominiert. Erkenntnis wird nicht als »Anpassung« an eine vorgegebene Realität gedacht, sondern als Konstruktion. Das läßt sich an der Konjunktur der Themen ablesen, die sich im Umkreis der Fragen nach der Fiktionalisierung der Wirklichkeit, der Vielheit der Welten oder der innovativen Umstellung auf andere Perspektiven abgelagert haben.

Die Überlegungen zu den ›Grenzlagen‹ der Psychoanalyse rollen die nämlichen Fragen von einer anderen Seite her auf; sie beschäftigen sich mit Gegenständen, die von Art und Anlage her dazu prädestiniert sind, mittels ästhetischer Erfahrung aufgeschlossen zu werden und doch, weil sie im Zeitalter der Wissenschaft der methodisch ausgebauten Gewißheit nicht entraten können, die Arbeit des Begriffs oder die Aufklärung durch wissenschaftliche Realitätskonstruktion auf sich nehmen müssen. Die Erforschung des Seelischen im Umkreis der Psychoanalyse spiegelt ausgezeichnet das prekäre Gleichgewicht zwischen der forcierten Parteinahme für die Aufklärung und dem Rückfall in den Mythos, zwischen den Ansprüchen methodischer Erfahrungskontrolle, wie der medizinische Blick sie einzulösen verlangt und jener Einstellung, die sich dem Spiel der Einbildungskraft, den bewußtseinsfernen Affekt- und Gefühlslagen öffnet und ein Stück weit überläßt. Freud schreibt: »Ich beneide immer die Physiker und Mathematiker die auf festem Boden stehen können. Ich schwebe sozusagen in der Luft. Geistiges Geschehen scheint so unmeßbar und wird es wahrscheinlich immer sein« (Freud, zit. nach Jones, 502).Die Auseinandersetzung mit der Psychoanalyse in Gestalt von C.G. Jung und S. Freud zeigt, wie beide, wenngleich auf verschiedene Weise, diesem Problem metatheoretisch nicht gewachsen sind. Die Polarität und Verschränkung des Rationalen und des Irrationalen, des Zivilisierten und des Mythischen, des Begrifflichen und Metaphorischen lassen sich weder in den Grundbegriffen einer Anthropologie oder Psychologie noch im Rahmen der traditionellen Ontologie von Subjekt und Objekt begreifen. Aufschlußreich ist das Beispiel der Psychoanalyse gleichwohl: Die Beweglichkeit, die Ambivalenz und das Schillern ihrer »Gegenstände« halten die Analyse mit aller Macht in der Nähe mythischer Welten und mehrdeutiger Symbole. Thomas Mann hat diese Nähe bemerkt, er schreibt: »Das mythische Interesse ist der Psychoanalyse genau so eingeboren, wie al-

lem Dichtertum das psychologische Interesse eingeboren ist«
(Mann, Freud, 144). Die Frage also ist, wie die Psychoanalyse,
welche eine Wissenschaft sein möchte, diese Gratwanderung be-
wältigt, insbesondere, wenn sie selbst mit dem Thema mythischer
Erzählungen konfrontiert wird.

Die Diskussion sowohl der ›Modelle‹ wie der ›Grenzlagen‹ sucht
die (zweideutigen) Chancen zu nutzen, die in der theoretischen
Einstellung als solcher liegen. Sie reflektieren auf die Distanzierungsgewinne des Denkens, die entstehen, wenn die Meinung als
Meinung, der Mythos als Bild oder die rhetorische Praxis als Re-
de- und Handlungszusammenhang thematisiert werden.

I

Vom Erkennen und Erfinden seiner selbst

Für jedes Problem, das einem begegnen kann, gibt es einen Spezialisten: Wer krank ist, geht zum Arzt, über Geldprobleme spricht man mit der Bank und wer ein Haus bauen will, wendet sich an den Architekten. Es ist nicht ganz leicht, sich einen Fall vorzustellen, in dem man sich mit seinen Fragen an den Philosophen wenden würde. Und das ist eigentlich auch nicht verwunderlich: Ein veritabler Philosoph klammert erst einmal alle Fragen aus, für die sich die Leute interessieren könnten, und wendet sich methodischen oder erkenntniskritischen zu, von denen sie wenig oder nichts verstehen. Das macht Eindruck und läßt ihn redend einen Philosophen bleiben, obwohl er schweigen müßte.

Diese beliebte Strategie soll hier nicht verfolgt werden. Stattdessen geht es um eine Allerweltsfrage, die eigentlich mehr eine Aufforderung ist und überdies die sympathische Eigenschaft hat, schon einige tausend Jahre alt zu sein. Die Rede ist von jenem Motto, von dem es heißt, es habe über dem Eingang zum Delphischen Orakel gestanden: *Erkenne Dich selbst*. Darin geht es auch, und das mag zunächst überraschen, um gegenwärtige Probleme unserer Gesellschaft. Das Selbst, die Subjektivität, ist keineswegs Privatsache. Unser Zusammenleben ist tief davon geprägt, wie wir Subjektivität begreifen.

Drei Begriffe bieten sich an, um sich dem Problem zu nähern: das Erkennen, das selbstbezügliche »sich« und das Selbst. Es wäre leicht, sich angesichts dieser Begriffe auf die Darstellung einer ganzen Reihe respektabler Szenen aus der Geschichte der Selbstinterpretation zurückzuziehen, liegen doch das Erkennen, das selbstbezügliche »sich« und das Selbst unter ganzen Bibliotheken von Einsichten und Erbaulichkeiten, Gemeinplätzen und Ermahnungen begraben. Man könnte sich daran machen, diese geschichtlichen Ablagerungen, den Interpretationsschutt, beiseitezuschaffen. Oder, das wäre eine zweite Möglichkeit, man könnte ohne weitere Umschweife versuchen, den uranfänglichen Sinn dieser geheimnisvollen Äußerung im direkten Zugriff zu erfragen. Aber das hieße erst recht nach Philosophenart verfahren. Auf dem ersten Weg, also dem der historischen Freilegung, brächte man es im Verlauf der Jahre zu einer beträchtlichen Bildung. Ob man das Problem der Identität damit aber klären würde, bleibt fraglich. Bliebe also noch der zweite, der direkte Weg zu dem, was uranfänglich mit dieser Äußerung gemeint sein könnte; aber auch dieser Weg ist steinig, wenn er denn überhaupt begangen werden kann. Zudem entspricht die Dramaturgie des Ursprungsdenkens nicht meinem Geschmack.

Bereits diese Überlegungen haben offenbar etwas mit dem *Erkenne Dich selbst* zu tun. Das sieht man an Formulierungen wie »nach Philosophenart verfahren«, »es zu einiger Bildung bringen«, »nicht nach meinem Geschmack sein«. Dabei nimmt nur der letzte Ausdruck direkt auf meine Person Bezug, nämlich im Possessivpronomen »mein«. Bei den beiden anderen Ausdrücken erkennt man deren Beziehung zu mir erst, wenn die dazugehörigen lebens- oder theoriegeschichtlichen Kontexte herbeigebracht oder erzählt werden.

Auch wenn die Selbstzuschreibung nicht in allen drei Ausdrücken gleich offensichtlich wird, nehme ich darin doch Bezug auf mich selber. Hieran läßt sich sogleich eine Eigenart philosophischen Fragens demonstrieren. Philosophisches Fragen unterscheidet sich von den Fragestellungen in alltäglichen Situationen, aber auch von den Fragen, welche die Soziologie oder die Psychologie stellen:

– In der Alltagssituation fragt man etwa danach, »ob das denn auch stimmt«, was jemand gesagt hat, »was für einer das denn ist«, der das sagt. Diese Fragen charakterisieren das, was man philosophisch das »Alltagsbewußtsein« nennt. Das »Alltagsbewußtsein« kommt meist kaum über ein allgemeines neugieriges, wohlmeinendes oder skeptisches Interesse an der Person hinaus.

– Der soziologisch oder soziolinguistisch geschulte Beobachter hingegen versucht, aus dem Gebrauch sprachlicher Wendungen auf die soziale Rolle des Sprechers zu schließen. Der Soziologe sucht deshalb nach gruppen- oder schichtspezifischen Schemata, um das Rollenverständnis des Sprechers zu ermitteln.

– Der Psychologe könnte die Äußerungen daraufhin untersuchen, ob der Sprecher in ihnen versucht, sich selbst zu stilisieren, ob er mit seinen Urteilen etwas abwehren will, das ihm selbst vielleicht gar nicht bewußt ist, oder ob diese besondere Person eine Täuschungsstrategie verfolgt.

Alle drei genannten Einstellungen, die alltägliche, die soziologische und die psychologische, haben ein jeweils spezifisches Interesse an der Selbstbeschreibung der Person. Ihr Verhältnis zur Selbstbeschreibung ist also nicht allgemein, sondern pragmatisch bestimmt. Einfach gesagt hat der Psychologe ein ganz anderes Interesse an dem, was jemand über sich selbst sagt, als ein Soziologe.

Aporien der Selbstbezüglichkeit

Für die genannten pragmatischen Einstellungen zu Selbstbeschreibungen muß sich auch die Philosophie interessieren, erst recht nach dem Ende der großen Systeme der Metaphysik. Der Philosophie drängen sich aber noch weitergehende Fragen eines anderen Typs auf. Das hängt sowohl mit der langen Tradition der Philosophie zusammen, als auch mit Schwierigkeiten, die sich aus der Sache selbst ergeben. Die Fragen der Philosophie zielen auf die Form des Verhältnisses zu sich selbst: Wie ist das zu verstehen, wenn ich etwas über mich selbst aussage? Bin ich etwa zwiefach da? Bin ich mir, wenn ich über mich nachdenke, gleichsam ein doppeltes Lottchen? Nämlich einmal der, über den etwas ausgesagt wird und – im gleichen Augenblick wo möglich – der, der darüber selbst ein Urteil fällt? Tut, wer sich auf sich selber bezieht, nicht so, als könne er in Distanz zu sich gehen und »sich« als ein Objekt für ein Subjekt vorstellen? Kann es diesen Bezug auf sich selbst, wie er durch das reflexive »sich« in den sogenannten »Selbstzuschreibungsurteilen« ausgedrückt wird, überhaupt geben? Welche Rolle spielt dabei die sprachliche Prädikation?

Es soll nicht versäumt werden, daran zu erinnern, daß die philosophische Rede von Subjekt und Objekt nicht mit der alltäglichen gleichgesetzt werden kann. Gleichwohl bestehen Beziehungen zwischen philosophischer und alltäglicher Rede, insofern Subjekt und Objekt mit »innen« und »außen«, mit »mich allein betreffend« (subjektiv) und »wie es sich wirklich verhält« (objektiv) zusammenfallen. Auch in Teilen der wissenschaftlichen Diskussion herrscht große Unklarheit. Das philosophische Denken von Subjekt und Objekt versucht sich der grundlegenden Voraussetzungen allen Erkennens und Handelns zu versichern. Diese bilden den allgemeinsten oder den weitest denkmöglichen begrifflichen Rahmen, in den die empirischen Erkenntnisse, also unsere Erfahrungen eingetragen werden müssen.

Um es gleich zu sagen: Es gibt kein Modell, das den Selbstbezug plausibel, das ist rational, rekonstruieren könnte. Jedes Modell verstrickt sich bis heute in unauflösbare Paradoxien. Wo man auch ansetzt, man endet in Sackgassen – erkenntnistheoretisch, semantisch, hermeneutisch. Aber das Scheitern, die Analyse der in sich widersprüchlichen Strukturen, in die man zwangsläufig gerät, ist aufschlußreich. Das, so gebe ich zu, ist wieder ganz nach Philosophenart gedacht, wenn, überspitzt gesagt, das Problem als Lösung präsentiert wird.

Die Schwierigkeit, den Selbstbezug zu denken, liegt im Folgenden: Wie kann man es anstellen, auf sich selber zurückzukommen, ohne daß das Subjekt, das erkennt und erkannt werden möchte, sich wie von selbst in ein Objekt, das ist ein Nicht-Subjekt, verwandelt? – Wenn ich mich am optischen Modell vorstellenden Erkennens, also an einer Art Schauen mit dem geistigen Auge orientiere, mich im übertragenen Sinne in Distanz zu mir bringe, um mich gleichsam von außen auf mich zurückzubeugen, mache ich etwas aus mir, nämlich ein Objekt, einen Gegenstand unter Gegenständen, was ich wesentlich nicht bin, und auch nicht die Absicht hatte zu erkennen. Denn was ich, mich zum Objekt machend, in der Weise vorstellenden Denkens in den Blick bekommen oder identifizieren kann (also körperliche Merkmale, psychische Eigenschaften, situationsbedingte Reaktionen), hat vielleicht auch etwas mit mir zu tun, ist aber nicht das, worauf meine Intention abzielte. Erkennen wollte ich mich als Subjekt und muß zusehen, wie ich mir als Objekt erscheine, das heißt, verbunden mit Eigenschaften, die mich mit anderen nichtmenschlichen oder unbelebten Dingen auf eine Stufe stellen. Ich mache mich so zum Ding unter Dingen, also zu etwas, dem gewöhnlich nicht die Kompetenz, selbstbezüglich Stellung zu nehmen, zugeschrieben wird. Um dasjenige, was sich zurückbeugt, zu erkennen, muß ich gleichsam eine Stufe höher die Position der Metaperspektive beziehen, um mich selbst thematisieren zu können, was zur Folge hat, daß ich mich als Erkennender mir wiederum entziehe.

Das ist nun einigermaßen mißlich, weil, dem Sprachgebrauch der philosophischen Neuzeit folgend, Subjektivität mit diesem Bezug auf sich selber, gleichgesetzt wird. In der Philosophie spricht man auch von Selbstreflexivität oder Selbstreferentialität. Diese Struktur, das Zurückkommenkönnen auf sich selber, sollte die Erklärungssicherheit objektiver Urteile gewährleisten. Das ist der Sinn der berühmten kantischen Formel vom ›Ich denke, das alle meine Vorstellungen muß begleiten können‹. Mißlich ist die Lage, weil das Ich oder das Subjekt sich seines Ursprungs nicht mächtig erweist. Selbstbewußtsein qua Selbstreflexion, und das ist die Pointe – und zwar eine für die Philosophie der Neuzeit verheerende Pointe – gestattet keine Selbsterkenntnis, weil das Subjekt bei diesem Versuch, auf sich zurückzukommen, sich jedesmal erneut entzieht oder in ein Objekt verwandelt. Es kommt nicht bei sich selber an. Das autonome Subjekt, das die Fähigkeit hat, über sich selbst nachzudenken, scheitert am Widerspruch, sich selbst zu begreifen. Was eben auch Rückwirkungen auf das Verständnis von Vernunft hat, insofern es dieser Vernunft nicht gelingt, sich ihrer zu versichern oder anders gesagt, sich vernünftig zu begründen.

Selbsterkenntnis und Selbstentfremdung

Das philosophische Dilemma zeigt sich auch an den empirischen Verhältnissen der Selbstbeobachtung und Selbstbespiegelung. Selbsterkenntnis führt zu Selbstentfremdung. Sie entfernt uns je stärker wir nach uns suchen, desto mehr von uns selber. Das hat Robert Musil in seinem Roman *Der Mann ohne Eigenschaften* sehr genau gesehen. Analogien lassen sich in den Werken von Proust, Joyce und Kafka finden. Musil schreibt:

»Denn wenn du dich heute, wo du ganz im Besitz deiner selbst zu sein glaubst, ausnahmsweise einmal fragen solltest, wer du denn eigentlich seist, wirst du diese Entdeckung machen. Du wirst dich immer von außen sehen, wie ein Ding. Du wirst gewahren, daß du bei einer Gelegenheit zornig wirst und bei einer anderen traurig, so wie dein Mantel das eine Mal naß und das andere Mal heiß ist. Mit aller Beobachtung wird es dir höchstens gelingen, hinter dich zu kommen, aber niemals in dich. Du bleibst außer dir, was immer du unternimmst, und es sind davon gerade nur jene wenigen Augenblicke ausgenommen, wo man von dir sagen würde, du seist außer dir. Zur Entschädigung haben wir es allerdings als Erwachsene dahin gebracht, bei jeder Gelegenheit denken zu können ›Ich bin‹, falls uns das Spaß macht. Du siehst einen Wagen, und irgendwie siehst du schattenhaft dabei auch: ›Ich sehe einen Wagen.‹ Du liebst oder bist traurig und siehst, daß du es bist. Im vollen Sinne ist aber weder der Wagen, noch ist deine Trauer oder deine Liebe, noch bist du selbst ganz da« (Musil, 902).

Wie Musil richtig sieht, ist die Idee, durch Selbsterkenntnis zur Selbstverwirklichung zu gelangen, letzten Endes nicht mehr als leeres Gerede, auch wenn die Vervielfältigung jener Maxime heute Auflagen in Millionenhöhe erreicht. Auf das gleiche Resultat führen auch Überlegungen eines Schriftstellers unserer Tage. In der Erzählung *Gehen* schreibt Thomas Bernhard:

»Wenn wir uns selbst beobachten, beobachten wir ja immer niemals uns selbst, sondern immer einen anderen. Wir können also niemals von Selbstbeobachtung sprechen, oder wir sprechen davon, daß wir uns selbst beobachten als der, der wir sind, wenn wir uns selbst beobachten, der wir aber niemals sind, wenn wir uns nicht selbst beobachten und also beobachten wir, wenn wir uns selbst beobachten, niemals den, welchen wir zu beobachten beabsichtigt haben, sondern einen Anderen. Der Begriff der Selbstbeobachtung, also auch der Selbstbeschreibung ist falsch« (Bernhard, 87).

Es ist aufschlußreich, einige problematische Voraussetzungen dieses Modells von einer sich objektivierenden Subjektivität, wie es im philosophischen Jargon heißt, zu betrachten; und das aus dem Grunde, weil es ein mächtiges Paradigma ist, dem wir uns in Wissenschaft und Gesellschaft noch lange nicht entwunden haben.

Als Kant darüber nachdenkt, ob Psychologie wie die Humanwissenschaften überhaupt – wegen mangelnder Operationalisier- und Mathematisierbarkeit ihrer Gegenstände – strenge Wissenschaften sein könnten, schreibt er, er könne sich nicht vorstellen, daß »ein anderes denkendes Subjekt sich unseren Versuchen der (wissenschaftlichen, G.G.) Absicht angemessen von uns unterwerfen läßt« und darüber hinaus »die Beobachtung an sich schon den Zustand des beobachteten Gegenstandes alteriert und verstellt« (Kant, *Anfangsgründe*, 471).

Es springt geradezu ins Auge, daß dem neuzeitlichen Bewußtseinsmodell, sich selber in geistiger Schau zu bespiegeln, ein Streben nach Herrschaft zugrunde liegt. Der Herrschaftsanspruch besteht darin, sich auf der einen Seite in Gestalt des Subjekts ein Wesen vorzustellen, das in seiner bis zur Weltlosigkeit gesteigerten Reflexivität oder Geistigkeit, das andere seiner selbst, die verfemten Teile des Körperlichen und Sinnlichen, unter seine Botmäßigkeit zu bringen sucht. Je besser es ihm gelingt, die Trugbilder der Einbildungskraft zu entfernen, die natürlichen Regungen fernzuhalten und die geheimen sympathetischen Verbindungen alles Lebendigen zu durchtrennen, desto höher steigert es die Fähigkeit, das rationale Handeln von allen sinnlichen Störeffekten und vernunftwidrigen Hemmungen freizumachen. Das Bewußtsein verbessert also seine Ausgangslage, indem es um seiner Selbsterhaltung willen die Objekte und damit auch sich selber kontrolliert. Das weltlose, geistige Subjekt ist somit der reine Ausdruck eines Herrschaftswillens über sich, über die äußere und die innere Natur. Seine Autonomie beruht auf Kontrolle. Im geistes- und kulturgeschichtlichen Untergrund des Subjektbegriffs lebt, wie sublimiert auch immer, das theologische Erbe der unsterblichen Seele und der Ebenbildlichkeit Gottes fort, und zwar samt der Metaphorik von Reinheit und Unreinheit. Diese Metaphorik erfährt in der Aufklärung ihre Fortsetzung in Gestalt der Metapher des Lichts. Frei ist, wer alle dem Kreatürlichen entstammenden Abhängigkeiten und Neigungen, Triebe und Leidenschaften sich durchsichtig gemacht und weggearbeitet hat. Das heißt, auch nach der praktischen Seite des Selbstverhältnisses zeigt sich eine widersprüchliche Struktur. Freiheit oder Autonomie kann im Rahmen der Subjektmetaphorik nur als ›Kontrolle über‹ oder als ›Herrschaft über‹ gedacht werden. Diesen Herrschaftsanspruch hat Max Horkheimer auf folgende Weise beschrieben:

»Als Endresultat [...] haben wir auf der einen Seite das Selbst, das abstrakte Ich, jeder Substanz entleert bis auf seinen Versuch, alles im Himmel und auf Erden in ein Mittel seiner Erhaltung zu verwandeln; und auf der anderen Seite haben wir eine leere, zu bloßem Material degradierte Natur, bloßen Stoff, der zu beherrschen ist, ohne jeden anderen Zweck als eben den seiner Beherrschung« (Horkheimer, *Kritik*, 97).

Die möglichen Verhältnisse – moralische, ästhetische, religiöse, magische usf. –, in die die Menschen sich zu sich selbst bringen, sind in dem Subjektmodell auf ein einziges Verhältnis reduziert. Das moralisch-praktische Selbstverhältnis ist nach dem Vorbild des technisch-praktischen zurechtgemacht. Frei sind wir nur, wo wir uns selbst beherrschen oder etwas technisch kontrollieren können. Das ist nicht nur nach allen Regeln der Logik ungereimt: Damit wird auch die technisch-praktische Weltauslegung als die einzig legitime ausgewiesen. Analog zu demjenigen, das als wahr und wirklich nur gelten läßt, was in technische Operationsschemata übersetzt werden kann und sich instrumentell bewährt, soll auch das, was wir als frei verstehen, sein Maß daran haben, ob wir es machen, simulieren oder kontrollieren können. Kant hat diesen Grundzug neuzeitlichen Denkens und Forschens auf einen prägnanten Begriff gebracht, wenn er in der *Kritik der teleologischen Urteilskraft* schreibt: »denn nur soviel sieht man vollständig ein, als man nach Begriffen selbst machen und zustande bringen kann« (Kant, *Urteilskraft*, 384).

Es braucht nicht weiter entwickelt werden, in welchem Umfang diese durch und durch metaphysische Strategie der Weltaneignung als Weltbemächtigung, die das Subjektmodell verbirgt, in das Wissenschaftshandeln der Neuzeit und das entsprechende Weltverhältnis eingedrungen ist. Ein kleines Beispiel zur Illustration mag das belegen. In den Kognitionswissenschaften, insbesondere der kognitiven Psychologie, werden Selbstreflexivität und Selbstbezug ausschließlich (verdinglichend) als Selbstkontrolle oder Selbstregulation thematisiert (operationalisiert). Das Selbst ist der Monitor oder Überwachungsapparat, der seine Gesten, Handlungen oder mentale Repräsentationen metakognitiv überblickt und steuert. Es wäre gänzlich falsch zu glauben, daß diese Probleme, die Kant oder Descartes mit dem »Ich« oder dem Selbstbezug hatten, von den modernen Kognitionswissenschaften überwunden worden wären. Vielmehr halten die Wissenschaften die tiefen Widersprüche nur strikt von sich ab, die die Kantische Philosophie zu zerreißen drohen.

Verunreinigung
Die Präsenz der Anderen

Ausgehend vom 19. Jahrhundert, aber ältere Motive der Renaissance und der frühen Neuzeit aufnehmend, sieht sich die Philosophie, die das menschliche Subjekt und seine Vernunft zum Dreh- und Angelpunkt des Nachdenkens über die Welt gemacht hat, in einen Verunreinigungsprozeß verwickelt, in dessen Konsequenz sich eine Reihe von Veränderungen ergeben. Diese spielen auf verschiedenen theoretischen Ebenen. Ich beschränke mich auf einige Hinweise.

Wenn man fragt, wie Menschen eigentlich diese Fähigkeit erwerben, sich zu sich selber verhalten zu können, stößt man auf Antwortversuche, die zeigen, daß gesellschaftliche oder besser intersubjektive Bezüge für den Aufbau der Individualität bzw. dieser Struktur von entscheidender Bedeutung sind. Das Individuum erfährt sich, so der Sozialpsychologe George Herbert Mead, wesentlich nur indirekt, »es wird ein Objekt für sich nur, indem es die Einstellung von anderen Individuen zu sich einnimmt« (Mead, *Geist*, 180).

Das Individuum nimmt die Rollen, Haltungen und Einstellungen, welche die anderen – Mead spricht vom generalisierten Anderen – ihm gegenüber einnehmen, in sich hinein. Es sieht sich gleichsam von außen mit den Augen der oder des anderen. Sich zu sich verhalten zu können bedeutet dann, die Perspektiven der/des anderen verinnerlicht zu haben. Es ist damit die Möglichkeit geschaffen, sich als ein anderer, als ein Nicht-Selbst oder Objekt wahrzunehmen. Diesen Aspekt des Selbst, sich als Objekt zu erfahren, hat Mead mit dem Ausdruck »me« belegt, im Gegensatz zu »I«, das frei von den verinnerlichten gesellschaftlichen Rollenzwängen, diese in Richtung verantwortlichen Handelns oder kreativer Leistungen zu übersteigen fähig ist. Betrachtet man diesen Prozeß des ›role taking of the other‹, drängt sich gleich der Gedanke auf, daß es aussichtslos ist, eine ursprüngliche Nähe zu sich zu erreichen, in die nicht gesellschaftliche Bezüge verwoben sind. Subjektivität – und das gilt es als weitere Bestimmung (neben der Selbstbezüglichkeit) festzuhalten – hat im philosophischen Sprachgebrauch immer auch die Bedeutung von Intersubjektivität. Subjektivität ist das, was allen Individuen (formal) gemeinsam ist, was alle Menschen miteinander verbindet, eben jene Möglichkeit, jederzeit – in der Perspektive der/des anderen – auf sich zurückkommen zu können. Was dabei das »sich« bedeutet, ist noch ungeklärt. Den Aspekt der Intersubjektivität hatten im Rahmen der Philosophie vor Mead bereits Schelling und Hegel gründlich herausgearbeitet. Er verdankt sich also nicht erst der Einsicht von Autoren des 20. Jahrhunderts, auch wenn das in der wissenschaftlichen Diskussion heute vielfach behauptet oder unterstellt wird.

Empirisch läßt sich die Struktur der Intersubjektivität im Rückgriff auf Freuds Analyse des Gewissens ausgezeichnet rekonstruieren. Da nämlich erscheint das Gewissen als ein im Innern ödipal eingesetzter Mitwisser, der als interner Beobachter moralischer Regeln das Handlungsbewußtsein begleitet. Dieser Mitwisser erinnert den Handelnden an die Vorgeschichte von dessen Ichentwicklung, in der über die Identifikation mit den Repräsentanten der sozialen Ordnung, dem Vater bzw. der Mutter, eine Instanz aufgerichtet wird, die im Verlauf der Entwicklung immer anonymer gerät und zuletzt die sozialen Normen und Verbote einer bestimmten

Gruppe vertritt. Das bedeutet, die anderen Subjekte – in mir vertreten durch das Gewissen – haben Macht von mir ergriffen und sich mir innerlich und unabweisbar aufgedrängt, lange bevor ich ein klares und deutliches Bewußtsein davon gefaßt habe, wer ich denn bin oder welches meine Stellung in der Welt ist.

Die Deutung der Selbstbezüglichkeit oder das, worauf sich das »sich« bezieht, kann an dieser Stelle nicht vertieft werden. Nur soviel läßt sich sagen, daß die Philosophen es verschieden ausgelegt haben: metaphysisch als »identische geistige Substanz«, phänomenologisch nach Art eines »mitlaufenden Bewußtseins« oder – orientiert an der Analyse sprachlicher Handlungen – als ein (kognitives) Wissen um sich selber, das über eine dreigliedrige Relation beschrieben wird: »ich weiß oder verstehe, daß ich dies getan, gefühlt, gewünscht usf habe.«

Wie sich gezeigt hat, läßt sich die formale Struktur des Selbstbezugs nicht denken ohne den Anteil, den die anderen Menschen dabei haben. Das heißt aber auch, daß das von allen Bindungen an die Welt gelöste Sich-auf-sich-Beziehenkönnen oder die Weltlosigkeit des Subjekts nur eine scheinbare ist. Man kann die Fähigkeit zur Selbstreflexion nur verstehen, wenn man die konkreten zwischenmenschlichen Beziehungen, über die sich die Struktur der Selbstbeziehung entwickelt, nicht außer acht läßt. Das gilt in verstärktem Maße, wenn man bedenkt, daß die Art und Weise wie man sich zu sich verhält, stets in eine bestimmte Stimmung oder Erfahrung eingebettet ist, zum Beispiel in eine Art fundamentalen Weltvertrauens oder Mißtrauens. Diese lebensgeschichtlich wirksamen Prägungen tragen jene formale Kompetenz und durchdringen sie mit einer unverwechselbaren Klangfarbe. Diese Tönung läßt sich kaum von dem je besonderen Charakter des Selbst- und Weltverhältnisse ablösen, in dem jeder Einzelne steht. Kurz: Von sich selbst kann man nicht reden, ohne zu bemerken, daß, wie Nietzsche sagt, sich der »Genius der Gattung« in die Erzählung über unsere Einzigartigkeit eingeschmuggelt hat. Wir werden die anderen nicht los, wenn wir über uns nachdenken, erst recht nicht, wenn wir über uns sprechen und die Selbsterkenntnis nicht am Bewußtseinsmodell, sondern am sprachlichen Verhalten orientieren.

Es wird dann bewußt, in welchem Umfang gesellschaftliche Bezüge in den Selbstverhältnissen Regie führen.

Mit diesem Bewußtsein entsteht eine veränderte Situation, die ich, Freud ein wenig gegen den Strich lesend, an seiner Anthropologie verdeutlichen möchte. Mit dem, was sich dabei als Resultat ergibt, gelangen unsere Überlegungen an ein Zwischenziel.

Rational Unbewußtes

Es ist an dieser Stelle von Vorteil, das psychoanalytische Selbstverständnis für einen Augenblick außer acht zu lassen. Denn wie zu Zeiten des seligen Platon stehen in der Psychoanalyse noch immer Vernunft gegen Leidenschaft, Geist gegen Natur, Intellekt gegen Trieb, während sich im Untergrund der Theorie schon hoch bedeutsame Umwälzungen ankündigen. So tritt eine Veränderung dadurch ein, daß die Unterscheidung von bewußt und unbewußt querläuft zur klassischen okzidentalen Anthropologie, die die Deutung des menschlichen Subjekts in das moralische Koordinatensystem eingetragen hatte, das die Vernunft über die Leidenschaften und die Idee über die Anschauung triumphieren ließ. Freud entdeckt Anteile des Unbewußten in der Vernunft, wie sie die Moral oder das Ich verkörpert, aber auch umgekehrt Vernunft und tieferen Sinn in den Fehlleistungen, den Verschrobenheiten des Wahns und der wissenden Symbolik des Traums. Der Witz der Sache erscheint – wie zufällig – im unbeabsichtigten Nebensinn oder einer Zweideutigkeit, die denken lassen, ein höherer, unbekannter Intellekt, ein »Geist in der Maschine« habe die Dramaturgie ersonnen; nicht nur sei Wahnsinn in der Vernunft, sondern auch Vernunft noch im Wahne und jene souffliere, was diesen bewegt. Um das Provozierende dieses Gedankens deutlicher zu machen, könnte man von einem rational Unbewußten sprechen. Der französische Psychoanalytiker Jacques Lacan und andere haben darauf hingewiesen, daß sich bei Freud zwei Begriffe des Unbewußten unterscheiden lassen; zum einen eine Vorstellung, in der das Unbewußte, um den Freudschen Vergleich aufzunehmen, ein organisationsloses »Chaos, ein Kessel voll brodelnder Erregungen« ist. »Es ist der dunkle, unzugängliche Teil unserer Persönlichkeit [...] das Ich [vertritt] im Seelenleben Vernunft und Besonnenheit [...], das Es aber die ungezähmten Leidenschaften« (Freud, *Neue Folge*, 80).

Zum anderen nennt Freud den unbewußten Anteil des Traums ausdrücklich »Gedanken«. »Alle Eigenschaften, welche wir an unseren Gedanken hochschätzen, durch welche sie sich als komplizierte Leistungen hoher Ordnung kennzeichnen, finden wir in den Traumgedanken wieder« (Freud, *Traumdeutung*, 598).

Angesichts zweier Begriffe des Unbewußten erscheint der als der interessantere, der eine Präsenz von »Vorstellung« und »Gedanke« im Unbewußten ansetzt. Denn erst diese Deutung bricht mit den Denkhorizonten Platos, Hegels und Schopenhauers gleichermaßen oder insoweit, als die (unbewußte) Abhängigkeit der Vernunft von den Leidenschaften, die bereits Plato ein Gemeinplatz war, durch die Anstöße Nietzsches und Freuds ergänzt und revolutioniert wird: den Strebungen der unbewußten Affekte oder Vorstellungen komme eine subjektivem Handeln vergleichbare Intentionalität zu.[1] Nicht der niedere, maschinengleiche oder der Tier-

---

[1] Das Prädikat, absichts- und planvoll handeln und denken zu können, wird in aller Regel nur dem bewußten Ich oder Subjekt zugeschrieben, nicht den unbewußten Affekten und Vorstellungen, Strebungen und Motiven. Verweist die psychoanalytische Erfahrung dementgegen auf eine unbewußte Intentionalität von Willensregungen, hat das weitreichende Konsequenzen. Nicht allein im Blick auf die Entmächtigung des menschlichen Handlungssubjekts, die damit einhergeht; vielmehr wird die Stelle selbst, die eines einheitlich vorgestellten Zentrums der Person prekär. Der Gedanke einer Mehrzahl von Epizentren drängt sich auf, die, je nachdem wieviel Macht sie auf sich vereinigen können, eine Art zeitlich begrenzter Vorherrschaft einzelner Affekte oder Vorstellungen erzwingen. Die Stelle des Handlungsichs erlebt wechselnde Affektbesetzungen, so daß kaum mehr von einem Subjekt, das sich gleich bleibt, gesprochen werden kann. Darüber aber braucht hier nicht spekuliert werden. Es genügt zu wissen, daß an unbewußten Strebungen ein Moment kognitiver Zweckgerichtetheit nicht von vornherein ausgeschlossen werden kann. Das legt auch eine Reihe aufwendiger Experimente nahe, über die Joseph Weiss im *Spektrum der Wissenschaft* berichtet. Dort heißt es: »Anscheinend hat man die kognitiven Fähigkeiten des Unbewußten bislang unterschätzt. Offenbar kann der

---

seele verwandte Affekt stehe gegen die höhere, zur göttlichen Selbsterkenntnis geläuterten Subjektivität, sondern beide Weisen des menschlichen In-der-Welt-Seins seien grundsätzlich und unauflöslich miteinander vermischt. Diese Einsicht läßt sich von einer anderen Seite her beleuchten. Das Irrationale sind nach Freud nicht die Triebe, die Leidenschaften oder das dunkle und begehrliche Drängen des Unbewußten, welche dem Intellekt und der Vernunft entgegenstehen. (So will es das Interpretationsklischee im Rahmen einer zweitausendjährigen Deutungsgeschichte und kann sich dabei auch auf diesbezügliche Äußerungen Freuds stützen.) Vielmehr kommt das Irrationale in den Fehlleistungen, den Brüchen oder Abschweifungen, das heißt, in den unverständlichen oder unstimmigen Äußerungen der Rede als Einheit einer Geschichte (oder mehrerer Geschichten) zum Ausdruck, in der (denen) sich Affekt- und intellektuelle Ordnungslagen, das Streben nach Lust und gesellschaftliche Triebbearbeitung, Selbst- und Fremderwartung, Vernunft und Wahnsinn grundsätzlich durchdringen.

Mit anderen Worten, die klassische Gegensatzstruktur der platonischen Anthropologie wird fragwürdig. In den veränderten Unterscheidungen stehen nicht mehr Vernunft gegen Leidenschaft, Rationales gegen Emotionales, gibt es keine Hierarchie mehr zwischen dem moralisch bestimmten höheren und niederen Seelenvermögen; vielmehr verlaufen die Schnittstellen von Rationalem und Irrationalem über eine, je nach Wertschätzungen und Interessenlagen, kulturellen Bindungen oder ästhetischen Perspektiven geordnete Pluralität von Diskursen und Lebensformen. Zwischen diesen wird im ständigen Kampf um Macht und Anerkennung und ohne ein allgemeines Einverständnis zu erzielen, das, was als rational gelten soll, ausgehandelt. Weder das ruhige Reich der kosmologischen Gesetze, wie die Antike es dachte, noch die systemisch organisierte innere oder äußere Natur, wie es heute vielfach anklingt, bieten ein hinreichendes Orientierungswissen für die Gestaltung der gesellschaftlichen Existenz der Menschen.

Mensch auch unbewußt intellektuelle Leistungen vollbringen – in einer bestimmten Absicht Pläne entwickeln [...] und sie auch durchführen« (Weiss, *Strategien,* 129. Vgl. Gamm, *Leere,* 110–114).

Die Vernunft – oder eingeschränkter, das Rationale – verweist nicht mehr auf eine umfassende Weltvernunft, die der abendländischen Philosophie bis ins 19. Jahrhundert als Leitidee vor Augen gestanden haben mag: nämlich die Sinnlichkeit, den Affekt, das Unbewußte abzustreifen, um sich der Teilhabe an dem alles umfassenden Geist, dem reinen Denken oder der Weltvernunft zu vergewissern. Als gleichsam geistige Substanz aller Menschen sollte sie diese solidarisch miteinander verbinden und ihre wahre Natur offenbaren. Im Gegensatz zu dieser das menschliche Sein schlechthin betreffenden Deutung der Vernunft ist »rational« nunmehr bloß das Prädikat von einzelnen Handlungen und Sprechakten, Perspektiven und Weltbildern, das auf bestimmte, von den Gesellschaftsmitgliedern akzeptierte Kriterien bezogen ist. Der Macht der Vernunft wird die Vernunft der Macht entgegengesetzt. Jenes Prädikat bezieht sich allein auf einen Verbund von Ideen und Praktiken, kulturellen und ethischen Werten, die eine Gruppe von Menschen teilen oder als rational anerkennen. Was auch bedeutet, daß die Unterscheidung von rational und irrational nicht mehr parallel läuft zu der von kognitiv (verstandesgemäß) und affektiv (gefühlsbestimmt). Die Vorstellung von ›rational‹ läßt sich nicht auf den Gegensatz von kognitiv und affektiv zurückführen, sie steht quer dazu; sie entsteht gleichsam als eine kulturell und gesellschaftlich variable Schnittmenge aus beiden Momenten. Ihr Bezugssystem sind jeweils die Welten, in der die Menschen leben.

Um einen weiteren Hinweis zu geben; die Schwierigkeiten, die die geläufigen Vorstellungen von Vernunft oder Selbst aufwerfen, lassen sich auch von seiten des alltäglichen Sprechens her beleuchten.

Philosophie des Ichs

Es ist mehrfach bemerkt worden, daß die Philosophie der Neuzeit sich die Vernunft als einen »Gerichtshof« (Kant) vorstellt, vor dem mit hinreichend guten Gründen über die Rechtsansprüche der miteinander streitenden Parteien befunden wird. Wahr ist, was vor diesem Gericht bestehen kann. Die Vorstellung von Vernunft läßt sich daher kaum anders als durch die Idee des Legitimierens und

Rechtfertigens gelenkt beschreiben. Das Sprachspiel des Rechtfertigens macht Anspruch darauf, alle anderen zu dominieren; es bestimmt in theoretischer wie in praktischer Hinsicht die Vorstellung eines Subjekts als einer Instanz, welche das Erkennen und Handeln vernünftig begründen können soll. Das macht jene Vorstellung vom Subjekt, wie sie die Aufklärung anvisiert, eigentümlich unterkomplex; es läßt die anderen Weltbezüge außer acht, in denen sich das Selbst ständig bewegt; es konzentriert sich einseitig auf das Ich als eine Vernunftinstanz, die sich permanent dazu aufgerufen fühlt, das eigene Handeln zu rechtfertigen. Dieser Rechtfertigungszwang, diese Vorschrift, nichts durchgehen zu lassen, was nicht vor dem imaginären Gerichtshof der Vernunft gebührend geprüft, das ist, begründet worden ist, gibt dem Ich den entscheidenden Halt. In dem, was die Philosophie als Ich denkt, zeigt sich zugleich ein sozial distanziertes Verhältnis zwischen den Personen. Daran erinnert die Metapher vom Gerichtshof. Das Ich erscheint so als die aller Individualität entkleidete Rechtsperson der bürgerlichen Gesellschaft.

Die Philosophie seit Descartes hat die Welt in erster Linie aus der Perspektive des Ich betrachtet. Heute wird vom ich zumeist in der Bedeutung der 1. Person Singular gesprochen, weniger vom Ich, das groß geschrieben wird und das auf eine geistige Substanz hindeutet, die allen Menschen gleichermaßen zukommt. Zurecht besitzt die Rede in der 1. Person Singular einen privilegierten Status. Darüber hinaus zeigt aber ein Nachdenken über das Selbst und die Selbstverhältnisse am Leitfaden der Sprache noch etwas anderes: wir sind die erste, zweite und dritte Person, in sie eingetaucht in Singular und Plural: ich, du, er, sie, es, wir, ihr, sie. Der Plural ist nicht die Summe der vervielfachten Einzahl oder die Summe der Iche; »Wir« ist etwas anderes. Aber auch der Ausgang vom »System der Personalpronomen«, wie Habermas das nennt, ist noch zu eng; wir sind aktiv oder fühlen uns zur Passivität verurteilt, leben indikativisch oder konjunktivisch, in Perfekt und Futur. Und keines ist wie das andere. Eine Philosophie des Ich ist so beschränkt wie eine, die das Du oder das Wir in das Orientierungszentrum rückt; ebenso schlägt der Versuch fehl, die Welt in erster Linie von dem her zu verstehen und zu deuten, was mich betrifft oder mir widerfährt. Wir sind oder spielen gleichsam alle die durch die Grammatik der Lebensform vorgezeichneten Rollen, und wir spielen sie (wie alle) mit der Hingabe und der dramaturgischen Kompetenz, die uns zur Verfügung stehen. Was über die Ansprache eines anderen als Du transportiert wird, die Erfahrung und Kommunikation »gewährter Nähe« (Adorno) oder die auf Ausgleich bedachte Geste, lassen sich sowenig in ichphilosophische Begrifflichkeit rückübersetzen wie die zeitweilig Verbindlichkeit und Macht steigernde Kraft des Kollektivs sich auf eine bloße Ansammlung von Personen zurückführen läßt. Jede einzelne Stelle eines Verbgenus, -tempus, -modus, -numerus und einer Person ist der Möglichkeit nach Platzhalter einer Lebensform, einer Perspektive, eines Ensembles von Sprachspielen und Lebensentwürfen: das sich selbst hervorkehrende und abgrenzungsbewußte Ich nicht weniger als das Wir und seine Vorstellung vom Horizont einer Welt, innerhalb dessen sich eine Gruppe, eine Klasse, ein Kollektiv vermittels eines singulären Symbols identifiziert und Zusammengehörigkeit demonstriert.

Gesellschaft
Ästhetische Selbsterweiterung

Die Auslegung des Selbstbezugs im Rahmen des optischen Modells eines geistigen Subjekts, das sich der Dinge wie seiner selbst bemächtigt, ist im großen Stil fragwürdig geworden. Als Grund hatten wir auf den Verweltlichungs- und Pluralisierungsprozeß von Vernunft und Subjekt verwiesen. Man hat das auch mit »Auflösung des Subjekts« umschrieben. Von dieser Auflösung des Subjekts im philosophischen Sinne bleibt naturgemäß auch das *Erkenne dich selbst* nicht unberührt. Desweiteren wurde zu zeigen versucht, daß eine Deutung des Selbst und seiner Verhältnisse nicht ohne ein Verständnis der intersubjektiven und gesellschaftlichen Beziehungen entwickelt werden kann, in die sie verstrickt sind. Dieser Gesichtspunkt wird im folgenden näher bestimmt.

Ich denke, in der Aufforderung, sich selbst zu erkennen, hat lange Zeit, wenn auch unter Hervorhebung verschiedenster Aspekte, ein moralisches Motiv dominiert: sich besser kennen, um sich besser beherrschen zu lernen. Gleichsam als Prototyp könnte Sokrates betrachtet werden, der in der (platonischen) Selbststilisierung unausgesetzt danach strebt, ein Verhaltensmodell vorzuführen, in dem Selbsterkenntnis und Selbstbeherrschung Hand in Hand gehen. Für mittelalterliche Theologen und Philosophen scheint vor allem die Bedeutung im Vordergrund gestanden zu haben, der Hoffart und Eitelkeit zu widerstehen, das heißt, die Grenzen der endlichen Verstandestätigkeit nicht zu überschreiten, also nicht das zu tun, was der Kreatur nicht zukommt: selbstüberheblich und anmaßend den Schleier des Geheimnisses um göttliches Sein und Wirken in menschlichem Erkenntnishochmut zu zerreißen. Für die Neuzeit hatten wir in der Tiefenstruktur von Subjekt und Objekt ein Bemächtigungsmotiv herausgestellt, das, moralisch fundiert, dazu angetan ist, der sinnlich-natürlichen Antriebe des Menschen soweit Herr zu werden, daß gesellschaftliches Zusammenleben möglich sein sollte. Auch hinter Freuds therapeutischem Interesse steht, ausgesprochen oder unausgesprochen, noch das moralische Selbstbeherrschungsmotiv. In der Gegenwart, so scheint es, haben wir es mit einer etwas veränderten Situation zu tun.

In den hochindustrialisierten Gesellschaften westlicher Prägung wird das Funktionelle und Nützliche an den Gebrauchsgegenständen des Alltags immer stärker mit der schönen Form, dem Design vermittelt. Häufig genug drängen die Ansprüche an das »lifestyling« das Funktionelle ganz in den Hintergrund. Analog dazu deutet vieles darauf hin, daß der moralische Gesichtspunkt der Selbstbeherrschung und der Triebdisziplinierung im ›Erkenne dich selbst‹ hinter den ästhetischen zurücktritt, der darauf abzielt, das Selbst für seine verborgenen oder unentdeckten Möglichkeiten zu sensibilisieren.

Die äußeren Umstände sind dafür günstig und liegen auf der Hand: die verbesserte ökonomische Lage großer Teile der Bevölkerung; mehr, nicht für die unmittelbare Reproduktion des Lebens benötigte Zeit usf. Aber auch Gründe anderer Art sprechen dafür. Es scheint, daß Selbstbeherrschung, Affekt- und Stimmungskontrolle eine maschinenmäßige Höhe erreicht haben, die es gestattet, sich verstärkt den Praktiken der Selbstmodellierung und Selbstgestaltung zuzuwenden. Die Frage ist weniger die, die innere und äußere Natur zu beherrschen und dieselbe moralisch auszulegen, als das Ästhetische an das Funktionelle anzuschließen. In einem Wort, das *Erkenne dich selbst* wird unter der Regie des Spätkapitalismus umgeschrieben oder enthält doch zumindest eine ergänzende, auf Selbststeigerung und Selbsterweiterung angelegte ästhetische Bedeutung: ›Versuch doch einfach mal mehr aus dir zu machen‹, und der philosophische Diskurs wird sekundieren: ›Erfinde (freundliche) Geschichten über dich‹. Die Selbst- und Zeitdisziplin der protestantischen Ethik, die psychischen und physischen Anpassungs- und Koordinationsleistungen der Menschen an die Vorgaben des Systems werden als selbstverständlich vorausgesetzt. Als leidvoll erfahrener Zwang standen sie in der Phase der industriellen Revolution im Vordergrund. Was heute interessiert, ist eher die systemnotwendige Erschließung neuer Ressourcen, die, was Produktion wie Konsumtion betrifft, auf die Wandlungs- und Steigerungsfähigkeit menschlichen Verhaltens angelegt ist. Die Gesellschaft befördert das Bestreben des Einzelnen, über sich selbst hinauszugelangen, zu neuen und individuellen Lebensformen, zu allseitiger Beweglichkeit und lebenslangem Lernen und Experimentieren. Diese Einstellung hat im ethischen Imperativ des einflußreichen Kybernetikers Heinz von Foerster (widerwillen) einen prägnanten, wenngleich zwiespältigen Ausdruck gefunden. Der Imperativ lautet: »Handle stets so, daß die Anzahl der Wahlmöglichkeiten größer wird« (v. Foerster, *Sicht*, 41).

Der Kapitalismus ist in den siebziger Jahren flugs aus dem Sprachgebrauch der Öffentlichkeit, der Medien, der Kultur- und Gesellschaftskritik verschwunden. Ihn in diesem Zusammenhang wenigstens zu erwähnen ist jedoch wichtig, weil er, als Symbol und Verkörperung der Möglichkeit schlechthin, die Grundlage bildet, den Sinn fürs Ästhetische der Existenz ins Maßlose zu steigern. Nicht so sehr in dem Sinne, die Dinge zu verschönern, als darin, das Neue zu erschließen und die Ironie (oder auch den Unernst der Existenz) zur Schlüsselkategorie seines Selbstverständnisses zu machen.

Zunächst: der Kapitalismus lebt seiner ganzen Anlage nach davon, den Möglichkeitshorizont des Handelns ins Unabsehbare auszuweiten. In seiner postindustriellen Phase setzt er Kettenreaktionen in Gang, welche die Möglichkeiten nach allen Seiten hin explodieren lassen. Ob neue Ideen oder neue Bedürfnisse, latente Wünsche oder Gesetzeslücken – stets steht er auf dem Sprung, neue Märkte oder Selbstreproduktionschancen zu erschließen: er ist die kreative Gesellschaftsform schlechthin, Innovation sein Zauberwort, seine Substanz der auf Dauer gestellte Wandel. In seinen Wirbeln geraten auch die Gestalten der Selbstverhältnisse in Bewegung. Die Techniken der Selbsterweiterung und Selbstdramatisierung expandieren in gleicher Weise wie die Produktion der Konsumgüterindustrie. Verhalten und Gefühle der Menschen werden in den beschleunigten gesellschaftlichen Wandel einbezogen, ihre substantielle Natur erscheint gleichsam verflüßigt. Schneller als jemals zuvor in der Geschichte kann »die Persönlichkeit [...] durch eine wechselnde Mannigfaltigkeit von Lebenslagen zirkulieren« (Simmel, *Das Geld*, 93).

Entsprechend verstärkt sich das Bewußtsein, daß dem Einzelnen mehr und mehr Optionen zu denken und zu handeln, zu lieben und zu arbeiten, offenstehen. Sie gilt es zu ergreifen. Michael Young hat das in seinem Buch *The Metronomic Society* sehr schön beschrieben: »Die Menschen«, schreibt er, »sind sich vermehrt bewußt, daß es andere Orte auf der Welt gibt, wo sie sein könnten, zusammen mit anderen Männern oder mit anderen Frauen, in anderen Zusammenkünften, bei anderen Konferenzen oder Ausstellungen, auf anderen Wanderwegen. Sie könnten andere Bücher lesen, in anderen Mondnächten« (zit. nach Nowotny, *Eigenzeit*, 138).

Ohne die ständige Umwälzung des Systems der Bedürfnisse, die Vervielfältigung individueller Ansprüche und die Projektion neuer Ideen wäre das System nicht lebensfähig. Weniger die ökologischen, technischen oder wirtschaftlichen Schranken, an die es immer wieder stößt, sind sein Problem – werden sie doch produktiv gewendet, selbst systemkonformes Motiv der Erweiterung und Steigerung der Produktion –, sondern die anhaltende oder sich vergrößernde (Legitimations-) Not, das Paradoxe seiner Existenz zu invisibilisieren. Das System ist dem paradoxen Zwang ausgesetzt, das, was an neuen Produkten und Lebensstilen, Techniken und Ideologien eben erst erfunden als revolutionär und epochemachend vor unseren Augen entrollt wurde, gleich wieder entwerten zu müssen, weil der leere und ziellose Zwang zu Neuem immer alles gleichsam von vorn beginnen lassen muß. Darin hegen die Aufklärungsidee des Fortschritts und die kapitalistische Form des Wirtschaftens einen intimen Verkehr; sie tragen auch die gleiche Last. Wie der Fortschritt, um wirklich einer sein zu können, danach streben muß oder gehalten ist, sich selbst durchzustreichen, so steht der innovationssüchtige Kapitalismus dank der Konkurrenz immer unter dem Zugzwang zur Entwertung der Produkte, die, kaum auf dem Markt, wieder verschwinden müssen, um Platz für die neuen zu schaffen. Auch die Wissenschaft – selbst Antriebskraft in diesem Prozeß – findet sich in diesen Strudel der Selbstentwertung hineingezogen. Gäbe es da nicht (systemfremde) Bremsvorrichtungen, wie Religion, Tradition oder die Trägheit von Institutionen, die Selbstzerstörung ginge noch schneller vonstatten, als sie es ohnehin tut. Kurz, die systemische Kehrseite des Wachstums und der Innovation ist das beschleunigte Tempo im Veralten der Dinge. Die Zeit verschlingt sich wie jene Echsen oder Drachen in den Figuren von M.C. Escher. Das zeigen nicht nur die alternden Industrien und die sich zuweilen furios überholenden Generationen von Technologien, sondern auch die immensen Probleme, die mit der Entsorgung der Produkte, dem Abfall und seiner Reintegration in den ökonomischen Kreislauf verbunden sind. Von der Entwertung der Menschen, sofern sie mit dieser Dynamik nicht Schritt halten, ganz zu schweigen. Unverkennbar aber auch der Anflug von Schwermut und Gedrücktheit, der darüber liegt, nicht alle Möglichkeiten, die sich bieten, ergreifen zu können: sei es der Kürze der Lebenszeit wegen, die jedem Einzelnen zur Verfügung steht, sei es, weil eine Wahl andere Wahlen ausschließt oder die Grenzen menschlicher Disponibilität enger gesteckt sind, als ein dem Zwang zu immer Neuem gehorchendes Denken glauben machen möchte.

Kontingenzabbau durch Ethik

Gleichsam als Kehrseite der ästhetischen Selbsterweiterung und der gesellschaftlichen Strategie eines auf Möglichkeitsgewinn abgestellten Handelns und Erkennens läßt sich eine Gegenreaktion beobachten, die verstärkt Grundsätze ethischer Orientierung einfordert. Aber interessanterweise ist das Ziel der moralischen Attacken (vom Feminismus einmal abgesehen) weniger die Moralität der zwischenmenschlichen Beziehungen. Der ästhetisch eingefärbte Sinn der Moderne empfindet moralische Ansprüche in Betracht dieser Verhältnisse durchweg als Zumutungen. Die Konjunktur der Ethiken – medizinische Ethiken, Umweltethiken, Wirtschaftsethiken, Ethiken für molekularbiologische Forschung usf. – verdankt sich vornehmlich einer anderen Intention, nämlich der Hoffnung oder aber vermutlich eher der Illusion, das ängstigende Innovationstempo des wissenschaftlich-technischen Fortschritts zu verlangsamen bzw. die unerwünschten Nebenfolgen abzupuffern, die unvermeidlich der Maschinerie des sich selbst konditionierenden Fortschritts entspringen. Der hochbeschleunigte gesellschaftliche Wandel, der mit dem ästhetisch gesteigerten Sinn für neue Lebensmöglichkeiten einhergeht, verlangt auf der anderen Seite das Glück in einem Beständigen und Unveränderlichen zu suchen. Ethische Kontrollansprüche bieten sich dem besorgten Bewußtsein dann in besonderer Weise an, wenn die beiden vorherrschenden gesellschaftlichen Auswege, die Rückwendung zu idyllischen Natur- und Gesellschaftsbildern der Vergangenheit wie die bis zur Bewußtlosigkeit gesteigerte Politik des Betäubens durch technisch-zivilisatorische Übermobilisation, zuletzt als in sich widersprüchlich und fraglich betrachtet werden. Anders gesagt, die Möglichkeitsgewinne bedürfen der bestandssichernden Gegenhalte des Immergültigen und Immerseienden, um die dramatische Kontingenzvermehrung zu stoppen. Moral, Natur, immer noch Religion (neuerdings auch wieder Nation) bieten sich dazu an. Wo nur das Neue zählt, darf das Alte und Beständige, der Sinn für Tradition und Herkommen nicht fehlen; wo nur Beschleunigungszeiten und Umschlagsgeschwindigkeiten (des Kapitals) die Lebensrhythmen bestimmen, kann auch die Langsamkeit dagegen aufgerufen werden; wo Hektik überhandnimmt, muß auch das Hohelied der Beschaulichkeit gesungen werden; wo die Frage der Universalisierbarkeit von Normen, Werten und Verfahren das Maß der Rationalität abgibt, sollte auch der Bezug auf die Region, den Nahhorizont der eigenen Erfahrung und der eigenen Sprache, zum

Beispiel im Dialekt, ein neues Recht behaupten dürfen. Aufs ganze gesehen sind ästhetische Ansprüche und ethische Vorschriften gleichsam verfeindete Geschwister, die einander bedürfen, ohne es miteinander auszuhalten. Sie verkörpern einen sozialen Antagonismus, in dem freilich heute – auf Grund des realen gesellschaftlichen Innovations- und Verwertungsdrucks – das Ästhetische die Oberhand zu gewinnen scheint und das Ethische zusehends an die Wand gespielt wird.

Erfinde dich selbst

Das Erkenne dich selbst läßt sich aufgrund der angedeuteten Bedenken nicht mehr einfach in den Rahmen der Subjektmetaphorik einspannen. Eine primär ästhetische Deutung des Selbst geht damit einher. Die Struktur der Subjektivität in Form der Selbstbezüglichkeit, so hatte sich ergeben, ist eine durchaus windige oder flüchtige Angelegenheit. Worauf auch sollte die Reflexion zurückkommen, wenn das Selbst des Subjekts keine den üblichen Gegenständen vergleichbare Existenz hat? Weder führt Selbstthematisierung auf ein ursprüngliches Selbst noch zu größerer Nähe und Vertrautheit mit sich. Vielmehr wird deutlich, was Rimbaud mit seinem großen Satz »Je‹ est un autre« (›Ich‹ ist ein anderer) gemeint haben könnte. Der durchaus schlüpfrigen Existenz des Selbstbewußtseins entspringt keine Selbsterkenntnis, ganz einfach deshalb nicht, weil es kein stehendes oder bleibendes Jetzt, keinen wahren oder festen Kern, kein Zentrum des Menschen (mehr) gibt. Zumindest ist das nicht rational rekonstruierbar in jenem Modell, und ich denke, auch in allen anderen nicht. Die Vorstellung einer geistigen Substanz in jedem Menschen hatte Kants *Kritik der reinen Vernunft* gründlich zerstört. Daran ist festzuhalten, auch dann, wenn in einer Theorie der Moral, wie der Kantischen, die Annahme einer einheitlichen geistigen Substanz rehabilitiert werden muß, weil nur ein Subjekt, das sich durchhält, das in verschiedenen Situationen ein und dasselbe bleibt, moralisch handeln und zur Verantwortung gezogen werden kann.

Obgleich diese metaphysische Intuition nach wie vor die stärkste Veranlassung gibt, so etwas wie ein wahres Zentrum des Menschen zu phantasieren, ist es zuletzt doch ganz unnötig, dies zu behaupten. Man entledigt sich nicht gleich der Moral, wenn man die Vorstellung des wahren Selbst, die eines »Gespensts in der Maschine«, wie der Philosoph Gilbert Ryle es ausgedrückt hat, fallen läßt. Das Moralische eines konkreten Verhaltens ist nicht an die fiktive Identität einer Person geknüpft, sondern daran, ob ich mit mir selbst, mit diesen bestimmten Handlungen und das heißt, mit diesen Geschichten und Bildern, Spiegelungen und Beschreibungen, die im sozialen Raum des Handelns und Sprechens mit anderen Menschen erzeugt werden, leben kann. Das mochte Goethe im Sinn gehabt haben, als er bemerkte, nur der könne unerkannt durch diese Welt gehen, der anderen in keiner Weise ein Leid zufügte (Vgl. Goethe, *Maximen*, 113).

Wie zu beobachten, wird in Wissenschaft und Philosophie verstärkt ein Erkenntnisbegriff in Anschlag gebracht, der sich vom traditionellen Schema des Subjekt/Objekt zu lösen beginnt. Anstelle der Abbild-, Korrespondenz- und Adäquationsbeziehungen werden die konstruktiven, selektiven und reduktiven Momente, das heißt die aktiven, selbstschöpferischen Anteile allen Erkennens und Sprechens stärker hervorgehoben. Dies bedeutet aber auch, daß zuletzt nichts bleibt, woran man sich eindeutig und immergültig in der objektiven Wirklichkeit festhalten könnte. Womöglich müssen wir, um uns selber zu erkennen, uns selbst noch erfinden. Stellt man diese Zusammenhänge in Rechnung, so drängt sich zuletzt die Frage auf, was das *Erkenne dich selbst* dann überhaupt noch heißen kann? Ob es überhaupt noch etwas anderes meinen kann als: *Erfinde dich selbst*, hüte dich vor den Schärfen der Bewußtseinsanalyse und halte den Schein in Ehren, sei oberflächlich, aber so, wie Nietzsche es den Griechen attestierte: aus Tiefe.

II.

Erinnerungsschwäche
und Identitätsschwund

Zur Zeit der Wende vom 15. zum 16. Jahrhundert konnte jemand, der vom alltäglich erfahrenen Wechselspiel von Vernunft und Verrücktheit, von Weisheit und Torheit, von Verstand und dem Rasen des Unverstandes erzählte, auf das rege Interesse der gebildeten und literarischen Öffentlichkeit rechnen. Davon zeugen die zahlreichen ›Narrenspiegel‹ und ›Narrenschiffe‹ der damaligen Zeit[1]. Das *Lob der Torheit* (Moriae Encomium), das Erasmus von Rotterdam 1509 während eines Besuchs bei seinem Freund Thomas Morus innerhalb weniger Tage niederschrieb, gehört ohne Zweifel in das Genre der

---

[1] Sie zeugen freilich auch vom gewaltigen Umbruch des soziokulturellen Normensystem, der sich zu jener Zeit anbahnte. Am Beispiel der veränderten Wertschätzung der Arbeit läßt sich das ablesen. Man vergleiche nur, was Th.v. Aquin auf der einen Seite, Luther und Calvin auf der anderen über den Rang der Arbeit, des Besitzes und der Armut, überhaupt über das Verhältnis von vita activa und vita contemplativa schreiben. Der Wandel in den Tugendkatalogen entspricht dem weitgehend. – Der Zusammenhang von Arbeit und Wahnsinn wird einsichtig, bedenkt man, daß im Zeitalter der Renaissance und Reformation die Arbeit immer stärker in die Rolle der Instanz drängt, der die Herstellung der Rationalität obliegt und die an allen Formen der Abweichung beginnt, ihre Definitionsmacht durchzusetzen. In Auseinandersetzung mit ihr wird die Affektstruktur der Menschen langsam umgearbeitet, bis einzig das als vernünftig gilt und anerkannt wird, was der Logik der gehemmten Begierde sich unterwirft.

Zeit- und Gesellschaftskritik. Darüber hinaus enthält es einen aufschlußreichen Diskurs über das Verhältnis von Wahnsinn und Vernunft, insbesondere wenn man es mit dem vergleicht, was drei Jahrhunderte später Hegel zu dieser Dialektik geschrieben hat. Wahnsinn und Vernunft bezeichnen die großen Stichworte, an deren Beziehung zueinander sich ein Denken der Differenz entfaltet, das sich im Medium eines ästhetisch-rhetorischen Bewußtseins der spekulativen Dialektik Hegels zu entwinden sucht. Das ironische Wechselspiel der klugen Torheit mit der Vernunft, wie es der Humanismus des Erasmus von Rotterdam vorführt, wird gleichsam als frühe Skepsis gegenüber der Logik spekulativer Bestimmtheit verstanden. »Überall, wo ein Identitätsanspruch wirksam ist, [...] ist eine Ethik präsent« (Starobinski, *Montaigne*, 54).

Der Diskurs der klugen Torheit bewegt sich auf ästhetischem Terrain, ohne gleichsam die Hintergrundethik des common sense ganz außer acht zu lassen. Der Bruch mit dem Identitätsdenken soll hier im Vordergrund stehen.

Vom Glück, einer anderen Regel zu folgen

Für Erasmus ist die Torheit einziger Quell glücklichen Lebens; in buchstäblich allen Handlungen dechiffriert er die Torheit als Trieb zum Leben; sie muß anwesend sein, sollen die Menschen nicht gänzlich in Verzweiflung fallen. Mensch sein heißt töricht sein, heißt wirklich lebendig sein und in der Illusion leben. Nach der Weisheit leben, bedeutet vernünftig sein, bedeutet Verwesungsgeruch verbreiten, bedeutet in den »schrecklichen Schemen« des leblosen Verstandes sich zu Hause fühlen, kalt und prinzipientreu, ohne Rücksicht auf menschliche Schwächen, der Wahrheit den Vorrang geben. Die Torheit wird positiv gewendet, nimmt die Gestalt des unbekümmerten Wahnsinns an, um der Weisheit, die sich in dem Besitz aller Vernunft dünkt und bis in die letzte Konsequenz hinein nur vernünftig sein will, den Narrenspiegel vorzuhalten. Man denke nur an die Scholastiker, die Grammatiker, die Stoiker, mit einem Wort, an die desillusionierten Philosophen. In den leicht verzerrten Spiegelungen des Wahn-Sinns erfährt die Vernunft verdichtet ihre ganze Wahrheit: ihre unnachsichtige Härte,

ihr Intersubjektivität zerfressendes Mißtrauen, ihre abstoßende
Prinzipienreiterei und ihr rechthaberisches Wesen. Abwehr von
triebhafter Lust und Leidenschaft und die Unterdrückung der be-
flügelnden Phantasie werden ebenso von diesem Spiegel reflektiert, wie die mit Leichenbittermiene vorgetragene Analyse scharf-
sinnig dialektischer Desillusionierung; unnachsichtig ist die Vernunft, wo es gilt, die Fehler und Mängel der anderen schonungslos
aufzudecken.

»Findet sich aber einmal unter jenen Finsterlingen – jene gott-
ähnlichen Weisen – gemeinsame Neigung zusammen, so hält das
Ding sicher nicht fest und nicht lange, weil sie Pedanten und zu
scharfsichtig sind: wo es die Fehler der Freunde gilt, haben sie Augen wie ein Adler oder ein Drache; nur vor den eigenen laufen sie
ihnen über, und keiner sieht das Ränzel auf seinen Rücken. Nun
hat jeder Mensch von Natur seine Schwächen; dazu kommen die
Unterschiede in Wesensart und Interessen, kommen alle die
Dummheiten [...] eines Menschenlebens, wie soll da zwischen
Männern mit solchen Argusaugen auch nur auf ein Stündchen ge-
mütliche Freundschaft sich einstellen [...] Ihr wißt doch, daß Cupi-
do, der Gott, der alle Neigungen weckt und nährt, schwachsinnig
ist« (Erasmus, *Torheit,* 43). Gegen die Stoiker, die das Monopol
auf die Weisheit gepachtet zu haben glauben, die, die einzig die
Vernunft favorisieren, polemisiert die Torheit mit folgenden Worten: »Denn da, so definieren die Stoiker, weise sein nichts anderes
heißt als der Vernunft folgen, töricht sein aber, sich den Launen
der Triebe zu unterwerfen, so fürchtete Jupiter, das Leben der
Menschen möchte leicht gar traurig und trübselig ausfallen und
hat ihnen darum an Trieben vielmehr verabreicht als an Vernunft,
ein Pfund auf ein Lot« (Erasmus, 38). Der »Oberstoiker« Seneca
»pflanzt vor uns ein Menschenbild aus Marmor hin, einen gefühl-
losen Götzen ohne alles menschliche Empfinden [...]. Denn wie
vor einem gespenstigen Ungeheuer flieht alles entsetzt vor einem
solchen Menschen, der taub geworden gegen die Wünsche natürlicher Regungen, der keine Seele mehr hat und weder von Liebe
noch Mitleid weiß, starr als wäre er ein Fels, eine Marmorklippe
auf Paros. Alles merkt er, alles kennt er, alles durchschaut er wie
ein Lynkeus, alles prüft er [...] alles ahndet er ohne Erbarmen«

(Erasmus, 59, 60). Die Schützlinge der Torheit dagegen, »die merken nichts oder denken nichts, die vergessen alles Schwere und erhoffen alles Gute« (Erasmus, 61).

Diese Vernunft, die viele Charakteristika sich subsumiert, die Hegel später dem Verstand zuzählt, geht auf Einförmigkeit, Leblosigkeit und Tod. Sie saugt allen Lebensgeist aus. Der Verstand tötet. Die Torheit, die unterschiedslos ein Synonym für alle Formen der Unvernunft darstellt, bildet dagegen einen glücklichen Wahn aus, der den Menschen schöne Welten vorgaukelt, der immer eine Atmosphäre entspannter Heiterkeit und Gelassenheit verbreitet, der ironisch, witzig, schelmisch, verständnisvoll ist, fortwährend zu vorwitzigem, klugem Spiel aufgelegt. Die Torheit bei Erasmus erhält eine doppelte Bedeutung: einmal muß sie ihre lebenswichtige Funktion gegen die »schrecklichen Schemen« angemaßter Vernunft verteidigen, das andere Mal – und darauf ist unser Augenmerk gerichtet – in ein und derselben erzählenden Reflexion dem so schrecklich vernünftigen Denken seine Konsequenzen vor Augen führen. Dieses Denken konvergiert im Äußersten mit der Leblosigkeit und einer abstrakten Existenz, die dem Tod nicht unähnlich ist. Auf diese Methode kommt die Torheit immer wieder zurück: die Torheit der Vernunft ins Äußerste zu steigern, um dadurch ihre Perversion, ihre Verkehrung, ihre eklatanten Widersprüche im Verhältnis zu ihren Ansprüchen durchscheinen zu lassen. Sie verfügt auch souverän über andere Methoden, das kopflastige Gespann von Weisheit und Vernunft zu entwerten: sie verzerrt oder verschiebt die Bedeutungen ein klein wenig und läßt so die Vernunft ins Leere laufen; gibt die Personen der Lächerlichkeit preis, die sich mit der Vernunft brüsten, und versucht glauben zu machen, damit die Vernunft selbst zu disqualifizieren.

Was daran auffällt ist die wichtige Tatsache von der Existenz der methodisch klugen Torheit, dem kritischen Wahnsinn, der hellsichtigen Verrücktheit; diese begründet, argumentiert, zitiert ganz so wie die Vernunft, versucht beweiskräftige Urteile nahezulegen, demonstriert ihre notwendige Anwesenheit in der Regelung der menschlichen Dinge, zeigt sich belesen, schriftkundig, vollgepfropft mit historischem Wissen – ganz wie es sich für eine »Humanistin« der Renaissance gehört – sie kennt den Zitatenschatz der Bibel und versteht ihn, der Logik ihrer Argumentation folgend, höchst vernünftig einzusetzen. Es bleibt nur die Konsequenz zu ziehen, die auch Huizinga und andere gezogen haben: die Torheit ist die wahre Weisheit, eine »Vernunft« höherer Ordnung, die sich nicht in den scholastischen Zwängen von Grammatik, Rhetorik und Dialektik festlegen läßt, eine Daseinsform, die sich nicht aus der Welt herausdenkt. Viel eher ist sie eine der Welt heiter und leicht zugewandte Aufmerksamkeit, nicht die Aufmerksamkeit, mit der man »einem frommen Prediger zuhört«, sondern die man bereithält, »sobald ein Marktschreier, ein Hanswurst, oder ein Narr in der Schelmenkappe seine Witze reißt« (Erasmus, 16); es ist der »kluge Wahnsinn« (Erasmus, 13), der höher und reflektierter die Ironie zur lebensgestaltenden Mitte der Vernunft macht, nicht der pedantische, regelbesessene Verstand, der sich unter dem Schein einer wahrheitsfanatischen Weisheit verbirgt.

Und gesetzt den Fall, einer jener verachteten, scharfsinnigen Rhetoriker, Dialektiker oder Grammatiker käme auf die Idee, ausgehend von der Prämisse der Torheit, der beglückende Wahnsinn mit all seinen Illusionen, Täuschungen, wahnwitzigen Vorstellungen sei die richtigere, weil mehr Lebenslust vermittelnde Daseinsform, käme auf die Idee, eine konsistente Theorie darüber zu konstruieren, z. B. Maximen für Handlungen nach diesem Modell zu entwerfen, und gesetzt, daß diese Theorie dann schlüssig widerlegt werden könnte: so käme wohl die ironische Antwort des Erasmus, daß es doch die Torheit sei, die vermessen und sich selbst schmeichelnd, sich für alles Glück der Welt den Rechtstitel zuspreche. Auf das leere Geschwätz der Torheit, die so launenhaft ist – nicht ohne Grund entstamme sie dem weiblichen Geschlecht – könne man doch nicht, nicht im philosophischen Ernst, einen strengen Beweis gründen.

Diese lebendige Verrücktheit umspielt in Erasmus' Satire die Vernunft, ohne sich jemals von ihr festlegen, das heißt, auf ihre Regeln und Konventionen einschwören zu lassen; sie begleitet die Vernunft und ist immer, sollte die Vernunft die (ihre) Torheit vergessen, mit ihrer Kritik zur Stelle. Ihre fortwährende Anwesenheit an der Seite der Vernunft ist nicht nach der Art einer strengen Kontrolle, sondern eher ein Beiherspielen, ein immer wieder die Vernunft einkreisendes Spielen. Mal zieht sie die Schlüssigkeit der Beweise in Zweifel, mal versucht sie es mit ausgekochter Polemik, mal gibt sie ein nach den hehren Prinzipien des reinen Verstandes zugerichtetes Leben in seinen Konsequenzen der Lächerlichkeit preis, mal blendet sie, selbstvergessen wie eben nur die Torheit, ihr Wissen um die höhere Wahrheit aus. Und es ist genau diese Position des methodisch eingesetzten Wahnsinns, welche ihre Stellung so überlegen macht: sie spielt mit ihrer Unzurechnungsfähigkeit, rechnet aber fest auf die Einsicht, die ihre Kritik an der Vernunft provoziert; wiederholt mehrere Male, daß doch niemand sich etwas von Narren, Toren oder Kopfverwirrten sagen zu lassen braucht, weiß aber gleichzeitig, daß die Erfahrung, daß die Narren die Wahrheit sagen, im Bewußtsein der Menschen fest verankert ist. Dementsprechend konstituiert sie ihre brüchige Identität durch die Liste ihrer Schwächen, die wohl an die Hundert zählen. Eine der auffallendsten betrifft das Gedächtnis; ausdrücklich hebt sie hervor, daß die »Quelle meiner Lieben Lethe« auf den »Inseln der Seligen entspringt« und fordert dazu auf, aus ihr den »Trunk des Vergessens zu tun« (Erasmus, 29). Diese Erinnerungsschwäche scheint im Zentrum ihrer zwielichtigen (Argumentations-)Strategie zu stehen. Nur, was wie Realitätsverleugnung aussieht, trifft die Sache vielleicht besser als der rekonstruktive Wahn einer Vernunft, der da behauptet, alle Realität zu sein. Die Erinnerung an Nietzsches positive Schätzung des Vergessen-Könnens als einer notwendigen Schutzvorkehrung für das Leben bestätigt diese Vermutung.

Die Idee richtigen Lebens

Erasmus unterscheidet zwei Arten von Wahnsinn. »Den einen senden die schrecklichen Göttinnen der Rache aus der Tiefe empor, wenn sie ihre Nattern in die Menschenbrust schlüpfen lassen – Kriegslust, unersättliche Goldgier, entehrende und sündige Liebe, Vatermord, Blutschande [...] oder wenn sie auf das böse Gewissen des Sünders die Furien hetzen, die fackelschwingende Schreckensgespenster. Es gibt aber noch einen zweiten, ganz anders gearteten Wahn; der kommt von mir und ist das Herrlichste, was man sich wünschen mag« (Erasmus, 75, 76).

Er ist ein wahres Lebenselexier, auch wenn die »Frösche der Stoa« dem entgegen quaken: »Nichts jammervoller als der Wahnsinn; und gewöhnliche Torheit grenzt an Wahnsinn, ja ist schon Wahnsinn; denn was anderes heißt wahnsinnig, als von Sinnen sein?›« (Erasmus, 75). Zu dieser Kategorie zählen nicht nur »die Besessenheit der Dichter, der Seher und Liebenden«, die Platon beschreibt, sondern auch die Dummköpfe, die Blödsinnigen und die Albernen und selbst jener »Argiver«, der tagelang allein im leeren Theater saß und lachte, klatschte und sich belustigte »in der Einbildung lebend, man spiele dort die wunderbarsten Stücke, während doch die Bühne leer war« (Erasmus, 76), gehört zu dieser positiv bewerteten Klasse.

An dieser doppelten Grenzziehung lohnt es sich, mehrere Dinge festzuhalten. Zunächst fällt auf, daß der Wahnsinn sich im Gegensatz zum heutigen Verständnis in einem durch und durch moralisch gedeuteten Universum bewegt. Dann, daß für unser Empfinden völlig heterogene Realitäten unter eine Klasse gemischt werden. Es ist bemerkenswert, schreibt Huizinga, »daß auch in der ›Moria‹, so fein sie ist, kein Unterschied gemacht wird zwischen Unverständigen und Blödsinnigen, Narren und Irrsinnigen. [...] Erasmus selbst spricht ohne deutlichen Übergang bald von unverständigen Leuten und bald von wirklich Irrsinnigen« (Huizinga, *Humanismus*, 69). Es werden auch die Monstrosität und der Furor des Wahnsinns, die doch, wie von Foucault beschrieben, im Zeitalter der Klassik eine so bedeutende Rolle gespielt haben, nicht besonders hervorgehoben. Und zuletzt existiert das Bewußtsein des Wahnsinns als einer Geisteskrankheit nirgends. Die Grenzlinie zwischen den Formen des Wahnsinns – und das ist das Entscheidende – wird durch die Idee des richtigen, das ist des geglückten Lebens gezogen. Sie ist das bestimmende Kriterium, das die Klasseneinteilung der Wahnsinnsformen ordnet: der Wahnsinn der Schrecken verbreitet, gar höllische Strafen in die Brust des Menschen pflanzt und die Verrücktheit, deren Anwesenheit den Menschen vom Druck seiner Angst und Not befreit. Der Wahnsinn gehört selbst dann noch zu lebensfördernden und glückvermittelnden Erfahrungsformen, auch wenn, wie im Beispiel des »Argivers« gezeigt, die Realitätsverkennung und Wirklichkeitsdemontage intersubjektiv kaum akzeptable Ausmaße angenommen haben.

Die Idee des richtigen Lebens geht nicht gänzlich in der Idee der Selbsterkenntnis auf; doch steht sie schon im geschichtlichen Transformationsprozeß an der Schwelle zu einer Verfassung, die sie in die Identität mit der Idee methodisch reflektierter Selbsterkenntnis setzen wird. Was Erasmus mit Nähe, Verwandtschaft, mit der Metapher der Familie menschlicher Eigenschaften umschreibt, deren Stammhalter die Torheit im allgemeinen ist – und selbst die Verrücktheit im eigentlichen Verstand nennt er seine nahe Anverwandte –, entwickelt Hegel systematisch als ein Verhältnis beider, das den Wahnsinn in die Vernunft aufnimmt und ihn in sich einschließt. Der Wahnsinn wird nicht wie im 17. und 18. Jahrhundert und, wie bei Kant nachzulesen ist, als »positive Unvernunft« abgetan, als »eine andere Regel« verketzert, als »ein ganz anderer Standpunkt (betrachtet, G.G.), worein, so zu sagen, die Seele versetzt wird und aus dem sie alle Gegenstände anders sieht« (Kant, *Anthropologie,* 216), sondern als Erzeugnis der Vernunft selbst. Hegel öffnet den Blick für die Entstehung des Wahnsinns aus den historischen und anthropologischen Voraussetzungen der sich selbst verwirklichenden Vernunft. Das ist ein großer Gedanke. Hegel demonstriert ihn gleichermaßen in seiner Analyse der wahnhaften Logik der aufklärerischen Vernunftform (Verstand) wie am »Wahnsinn des Eigendünkels« und der Dialektik der Verrücktheit in der *Anthropologie.* Die spekulative Dialektik reintegriert den Wahnsinn in den Raum des rationalen Diskurses.

Anders gesagt: Hegel übersetzt die erasmisch gedeutete Familienähnlichkeit von Wahnsinn und Vernunft in strenge Identität. Welche historische Bedeutung in dieser Differenz liegen könnte, kann an dieser Stelle nicht auseinandergesetzt werden. So ähnlich Erasmus und Hegel sich in der Darstellung des der Vernunft selbst anhaftenden Irrsinns sind, sie unterscheiden sich doch darin, daß im Fall Erasmus' der Wahn nicht in der Weisheit und der Vernunft aufgehoben werden kann. Jener kann niemals vollständig von der Vernunft angeeignet werden; er ist nie bloßes Moment oder ausschließlich Mittel im Aufbau des Zusammenhangs der teleologisch geordneten Vernunft. Der Wahnsinn oder die Torheit hat bei Erasmus noch eine ihm eigene Autonomie und Legitimität. Zwar übernimmt sie beide Male die gleiche positive Funktion im Konstitutionsprozeß wahrer Einsicht, ohne doch definitiv auf den Begriff gebracht werden zu können. Unterbindet man die anarchische und verrückte Bewegung, mit der die Torheit die Ordnung der Vernunft ständig traktiert, so verliert sie ihre unvergleichliche Kraft. Sie kann sich immer auf ihre Unzurechnungsfähigkeit, das ist auf ihr Vergessen, ihre Denkschwäche, Schwachsichtigkeit, Unaufmerksamkeit, ihre Taubheit, eben auf den ihr eigenen unverwechselbaren Rest an Un-Vernunft und Un-Verantwortlichkeit zurückziehen.

Logik des Bestimmens

In der *Phänomenologie des Geistes* und der *Enzyklopädie der philosophischen Wissenschaften* wird ihr dagegen unerbittlich die Logik der notwendig fortschreitenden Sache vorgehalten; nach der relativen Anerkennung ihrer Wahrheit als Moment wird sie, ohne Ausflüchte gelten zu lassen, der Unwahrheit geziehen. Im *Lob der Torheit* konnte sich der Wahnsinn ironisch zurückziehen, ohne vor das alles beherrschende, unbestechliche Tribunal der Vernunft zitiert werden zu können, in der nur Vernunft über Vernunft und Unvernunft zu Gericht sitzt.

Das Lob der (sich ironisch begleitenden) Narrheit gleicht in vielem der Hegelschen Kritik des Verstandes; vor allem darin, daß die zweiwertige Logik eines sich absolut setzenden Verstandes dem Reichtum und der Bewegtheit des Lebens (der Vernunft) nicht gerecht wird. Die Hegelsche Sentenz, »Abstraktionen in der Wirklichkeit geltend machen, heißt Wirklichkeit zerstören«, trifft die kritische Absicht nach beiden Seiten. Nicht weniger präsent als der Dialektik ist Erasmus ein Bewußtsein der Identität, das ein Wissen um die Nichtidentität noch nicht preisgegeben hat. Die Torheit weiß »daß alles auf Erden zwei Seiten hat, zwei ganz verschiedene Seiten, wie die Silene, von denen Alkibiades spricht. Was von außen Tod ist, wird Leben von innen gesehen, und umgekehrt, was schön ist, wird unschön, was reich wird arm, schändlich wird ruhmvoll, gelehrt wird ungelehrt, stark wird schwach, edel wird unedel, fröhlich wird traurig, günstig wird ungünstig [...] kurz alles ist plötzlich vertauscht, sobald man den [Silen] aufschließt« (Erasmus, 56). Und nicht minder pointiert formuliert sie die Kritik an einer Moralität, die glaubt, einzig in der Nachfolge einer Moral reiner Verstandesprinzipien ihr Seelenheil zu finden. Während Hegel die Kritik des Verstandes streng durchführt, so daß die ungeheure Macht des Negativen sich »in das Seyn umkehrt«, wie es an der berühmten Stelle der *Phänomenologie des Geistes* heißt, läßt Erasmus die Begriffe sich spielerisch verwirren und unaufhörlich ineinanderübergleiten. »Sie (diese Scheu vor dem Unmittelbaren) entspringt zugleich dem Bewußtsein der Unerforschlichkeit des Grundes aller Dinge, der Ehrfurcht vor der Vieldeutigkeit alles Bestehenden. Wenn Erasmus so oft auf der Grenze von Ernst und Spott zu *schweben* scheint, wenn er beinah nie ein abschließendes Urteil gibt, so ist das nicht allein Vorsicht und Furcht, sich zu kompromittieren. Er sieht überall die Nuance, das Ineinandergleiten der Wortbedeutungen« (Huizinga, 104).

Dem klugen Wahnsinn ist die dialektische, auf Konsequenz dringende Logik ebenso fremd wie dem common sense, mit dem er eine Reihe verwandter Züge aufweist. So wenig jener Wahn die mit Urteilen aufgebrachten Ansprüche strikt verfolgt, so selbstverständlich gleitet er über die Widersprüche hinweg und so selbstvergessen wechselt er die Ebenen, Sprachspiele und Bezugssysteme. Sein Grundsatz ist nicht das tertium non datur, sondern die Notwendigkeit, sich in den Unbestimmtheiten des Alltags zurechtzufinden. Darin trägt er zuvörderst dem Antiidealismus des common sense Rechnung. Philosophisches Denken, Hegels zumal, ist kalt und in den Konsequenzen unerbittlich. Nicht ohne Grund fühlt es sich der Logik der kalt fortschreitenden Notwendigkeit der Sache verpflichtet. Der faselnde Augenblicksverstand der klugen Torheit und das Alltagsbewußtsein sind da weniger konsequent. Sie wissen, daß die Welt und der Umgang mit ihr nur unvollständiges Wissen bereithält. Der dadurch entstehenden Unsicherheit können sie gar nicht entgehen. Die Alltagskommunikation gewährt Verständigung, gerade weil sie die Worte und Begriffe nicht streng definiert (terminiert), sondern sie, je nach Situation oder Kontext, für Bedeutungsverschiebungen offen hält, in einem Wort, weil sie vorbewußt und souverän die kommunikative Unschärfe der Begriffe in Rechnung stellt. Sie ist auf ihre Weise rhetorisch, ohne sich sklavisch an die Enthymeme zu halten. Sie weiß – bewußt oder unbewußt –, daß zwischen Null und Eins, Ja und Nein unendlich viele Antworten und Werte situiert sind und daß die Unschärfe die neue Strenge ist. Sie verkörpert den dumpfen Einwand des Alltagsbewußtseins gegen die reine Logik, die von den Begriffszeichen Bedeutungskonstanz fordert. Aber das Postulat: »dasselbe Wort – dieselbe Bedeutung« beschreibt den Verkehr mit Zeichen der gewachsenen Sprache nur äußerst unvollkommen. Sie verbindet die Dinge weniger über die Identität der Begriffe als über die dunklen Kanäle sozial eingespielter Verwendungsweisen.

Der spekulative Diskurs hält die grundsätzliche Unbestimmtheit und die Konsequenzlosigkeit nicht aus. Sie widerspricht der philosophischen Natur und ihrem Glauben an die Grammatik (der Wahrheit). Die Wahrheit des spekulativen Diskurses ist die des Bestimmens und ihr Realitätssinn zwingt sie, zu benennen was ist. »Sei keine Schlafmütze« ruft sie Hegel zufolge aus: »Denn wenn Du eine Schlafmütze bist, so bist du blind und stumm. Bist du aber wach, so siehst du alles und sagst zu allem, was es ist. Dies aber ist die Vernunft und das Beherrschen der Welt« (Hegel, *Notizen*, 544). Die Vernunft will der Sache auf den Grund gehen und wissen, wie es sich schlußendlich verhält – und selbst, wenn sie sich gezwungen sieht, die Gedanken Gottes vor der Erschaffung der Welt und aller endlichen Wesen zu denken. Schon gar nicht will sie Ausflüchte gelten lassen, die sich auf eine törichte doppelte Buchführung stützen.

Steht am Ende nun doch das naseweise Spiel der Torheit als blamiert vor dem Tribunal der unbestechlichen Vernunft? So schnell braucht sich die Torheit nicht geschlagen zu geben. Von welcher Leidenschaft, so kann sie zurückfragen, wird die spekulative Vernunft bewegt, daß sie wähnt, ihrer Praxis des totalen Bestimmens derart rigoros folgen zu müssen, so daß es in der Konsequenz des dialektischen Gedankens nichts mehr gibt, was anders ist als sie selbst? Erinnert nicht noch die Semantik des Wortes ›bestimmen‹ an die Machtstruktur von Befehl und Gehorsam, an das vermeintliche Recht dessen, der glaubt, umstandslos über das Andere verfügen zu können? Und geht nicht jeder bestimmte Grund am anderen Grund zugrunde? Und was zuletzt ist der Grund für die Gefolgschaft, die der Satz vom Grunde erheischt? Heidegger hat in der Nachfolge Nietzsches zurecht auf der Grundlosigkeit des Satzes vom Grunde bestanden. Es scheint jedesmal die Angst vor dem Unbestimmten und Uneindeutigen, die in dieser philosophischen Praxis zum Schweigen gebracht werden soll. Im konsequenten Übergriff über sich und ihr Anderes versichert sich die Vernunft ihrer Identität. Das Maß ist die Selbsterhaltung. Sie überspielt die Angst, indem sie zeigt, daß das Andere ja das Eigene ist. Dafür muß sie unterstellen, im Stufengang der Logik alle Erfahrung logozentristisch in *eine* Erfahrung einlesen zu können. Was aber, wenn die Widersprüche gleichsam nach vielen Seiten weglaufen und nicht, wie an einem Faden aufgereiht, in der Zielorientiertheit des Ganzen sich auf- und abarbeiten lassen?

Angesichts des silenengleichen Verwirrspiels von Unzurechnungsfähigkeit und Kritik, das die Torheit vorführt, läßt sich in Andeutung erahnen, in welchem Maß das Zwangssystem des Bestimmens eine Reaktionsbildung auf die Angst vor dem Fremden ist. Vollends verdächtig wird diese Natur der Vernunft, wenn die scheinbar immanente Logik des Bestimmen-müssens als Inbegriff dessen wiederkehrt, was als Maß den dialektischen Wahrheitsbegriff auszeichnet: die kraft der bestimmten Negation erreichte interne Kohärenz von auseinander abgeleiteten Urteilen. In der Erkenntnis des Anderen als Eigenem spiegelt sich nicht weniger die Macht der Wahrheit als das wiedererlangte Überlegenheitsgefühl der Macht. Anerkannt wird nur das, was zuvor erkannt ist. Das ironische Spiel der Torheit von Argumentation und vorgeschütztem Irrsinn erscheint so als Widerstand eines (Alltags-)Bewußtseins, das sich falsch interpretiert sieht, weil anstatt der kommunikativen Un(ter)bestimmtheit der bestimmte Begriff die Praxis des Lebens orientieren soll. Es scheint, daß der Antrieb spekulativen Denkens sich auch aus anderen Quellen speist, als denen der Vernunft. Gleichwohl verlangt die Vernunft das System nicht erst seit Hegel. Doch es sind Zweifel erlaubt, ob die »Naturanlage« der Vernunft, von der Kant spricht, sich in einem System zu vollenden, so unbestreitbar im Wesen der Vernunft selbst liegt, wie die neuzeitliche Philosophie glaubt. Dem übereinstimmenden Urteil von Heidegger und Adorno zufolge war der Antike das System, wie es der neuzeitliche Rationalismus ausgearbeitet hat, fremd.

Gegen die Verkehrung des Verstandes in den Wahnsinn, die absolute Freiheit in den Schrecken entwickelt Hegel die Vernunft; sie soll alles angemessen berücksichtigen. Wer aber rettet die Vernunft, nachdem sie die selbstherrlichen Projektionen des regelbesessenen Verstandes zurückgenommen und die Reihe zwanghafter Identifikationen aufgelöst hat vor ihrer Konsequenz, sich im System des absoluten Wissens zu vollenden und alle Unbestimmtheitsrelationen menschlicher Praxis der tödlichen Bedrohung durch das System unterzuordnen?

Obschon Hegel in Fragen der praktischen Vernunft viel Vorsicht hat walten lassen, hat er der philosophischen Versuchung par excellance nicht widerstanden, die Klugheit, die aristotelische phronésis, zugunsten der konsequenten Logik der Begriffsentwicklung zu opfern. Er hat geglaubt, dasjenige, was die menschliche Praxis bestimmt und was die Synthese des Ganzen stiftet, mit einer der theoretischen Vernunft analogen Strenge behandeln zu müssen. Die Konsequenzlogik des philosophischen Diskurses will den Schrecken, den das Unbestimmte auslöst und an dem das Leben teilhat, wegbekommen. Sie will ihn auf den Begriff bringen und die Unsicherheit verringern. Darüber kann die kluge Torheit nur lachen. Sie ahnt und fühlt schon, was im 20. Jahrhundert allseits zur Gewißheit wird, daß die Dinge gar keinen Grund haben. Jeder Grund ist ein Abgrund. Jede Begründung sabotiert sich selbst; die Suche nach Notwendigkeit und Gegenhalt produziert Kontingenzen. Jede Begründung erschließt den Zugang zu alternativen Begriffsanschlüssen, wo sie gerade das Gegenteil, den Abschluß anvisiert. Die Dinge haben keinen Grund. Hegels Dialektik hat bekanntlich genau das gezeigt, zugleich aber im Zugrundegehen aller Gründe in die grundlose Wahrheit der Metaphysik (der durchgeführten Negation) das System der zugrundegegangenen Wahrheit rettend restituiert. So nahe auch die spekulative Vernunft der wahren prudentia der Torheit kommt, sie kann doch nicht die kritische Differenz vergessen machen, die aufscheint, wenn im Spiegel der anarchisierenden Attacken des Wahnsinns sie ihre autoritäre und disziplinierende Funktion eingestehen muß.

Selbstsabotage der Ironie

Diese Differenz ist eine vielfache. Sie vermehrt sich fast exponentiell. Diejenige, die im ironischen Spiel des hellsichtigen Wahns aufscheint, soll näher bedacht werden. Ein Quereinstieg scheint geboten, weil, gegen das absolute Wissen frontal zu argumentieren, man sich immer schon in die Position des unglücklichen Hasen gedrängt sieht, dem der Igel sein ›Ik bin all da‹ entgegengrinst. Im Grunde geht es um die Frage: Wie kann die Ironie ihr Doppelspiel von Unzurechnungsfähigkeit und Kritik so weit rechtfertigen, daß sie trotz allem, trotz Erinnerungsschwäche und Identitätsschwund, Ernst genommen wird oder nicht ganz folgenlos bleibt?

Die Ironie beruht in fast allen Varianten auf der logischen Figur einer Differenz von Sagen und Meinen. Sie verstellt sich mit Absicht, weil die Wahrheit in der Dialektik des zuletzt geschlossenen Systems selbst verstellt ist. Denn entweder ist die Wahrheit keine »ausgeprägte Münze«, wie das in der Vorrede zur *Phänomenologie des Geistes* heißt (die vermittels der Logik der Bestimmtheit von Identität und Nichtidentität im System), »fertig gegeben und so eingestrichen werden kann« (Hegel, *Phänomenologie*, 38) oder eben doch etwas, das exoterisch in der methodisch-teleologischen Entwicklung des Wahren als des Ganzen auf den Begriff gebracht werden kann. Diese Aporie der Wahrheit, die nicht eine der Dialektik allein ist, hat insofern viel mit Ironie zu tun, als die Ironie eben dieses Dilemma reflektiert, bevor sie die Grenze zum Zynismus überschreitet. Die Ironie sagt etwas, meint es aber wissend oder intentional anders. Sie scheint den anderen (oder sich selbst) hinters Licht führen zu wollen. In den Argusaugen des Dialektikers (Logikers) erscheint sie folgenlos; sie streicht sich durch, weil sie etwas zugleich meint, was sie nicht meint, sie hebt sich auf oder negiert sich selbst. Sie enthält strenggenommen keine Information. Aber das ist nicht Ironie, sondern formale Logik. Ironie ist eine Verhaltensweise in einem sozialen Rahmen. Sie ist, wie das Spiel der klugen Torheit zeigt, überhaupt nicht folgenlos, denn sie rechnet mit der Erfahrung, daß die Narren die Wahrheit sagen und eine nicht greifbare ›höhere‹ Wahrheit ins Spiel kommt. Sie widerspricht sich durchaus, aber vielleicht, um im Sinne eines Sokrates Stolpersteine in den Weg des (vermeintlichen) logos zu legen.

Die Ironie streicht sich nicht durch, weil – das ist das Entscheidende – sie Hegels Bild von der Wahrheit, die keine Münze ist, ernst nimmt: Sie appelliert an eine Wahrheit, die sich entzieht, die wir nicht haben oder – jedenfalls so nicht haben, daß sie im vollen Umfang des Begriffs wohlbestimmt entfaltet werden könnte. Das ist der Grund, der sie dazu verdammt, von hier nach da zu schweben, ohne sich endgültig niederlassen zu können. Sie ist die Kunst entschiedener Unentschiedenheit, was nicht in jedem Fall Folgenlosigkeit einschließt. Sie hat das Gespür, daß das, worauf sie verweist, nicht wirklich und vollständig eingefangen und bestimmt werden kann. Sie streicht sich nicht durch, weil der Appell an eine ›höhere‹ Weisheit verstanden wird, und das in doppelter Hinsicht. Sie stellt nicht nur in einem ästhetisch-welterschließenden Sinn Anschlüsse her, die über das, was ist, hinausgehen; sie verweist auch auf den spezifischen, vom theoretischen Diskurs schwerlich einholbaren praktischen Sinn des alltagsweltlichen Handelns, dem es um das geht, was ansteht oder im Augenblick von der Praxis gefordert wird. Der formale Reflexions- und Distanzierungszwang selbst, der den theoretischen Diskurs begleitet (belastet), verändert oder verschiebt den Sinn des Praktischen, sobald er in die Sprache theoretischer Rekonstruktionen eingerückt wird. Das scheinbare Desinteresse an Widersprüchen und Inkohärenzen oder die Mehrdeutigkeit und Verschwommenheit alltagssprachlicher Ausdrücke sind nur dem theoretischen Diskurs ein Mangel. Der Praxis aber geht es nicht um widerspruchsgeeichte Erkenntnis post festum oder einen kohärenten Begiff der Praxis, sondern um diese selbst, das heißt, um Instrumente, anstehende Problemlagen hier und jetzt bearbeiten zu können. Das ist der wahre (wenngleich nicht unproblematische) Kern des Unbehagens, den das praktisch eingestellte Alltagsbewußtsein mit der Theorie hat. Das macht auch die latente Melancholie des Theoretikers verständlich, die ahnt, daß die reine theoretische Einstellung gegenüber den Dingen, die ›Logik‹ praktischer Selbst- und Weltverhältnisse nicht erreicht.[2]

Ironie ist also nicht nur, wie Philosophen gerne glauben, die Haltung, den anderen (oder sich selbst) nicht ernst zu nehmen bzw. sich oder den anderen »zunichte zu machen«, wie es der Ironiker Kierkegaard gegen die romantische Ironie gewendet hat. Sie ist überhaupt keine philosophische Position, die skeptisch gegen das absolute Wissen aufsteht; sie erwächst dem Wissen als ein ästhetisches Bewußtsein aus der Distanz theoretisch-reflexiven Verhaltens. Die Selbstsabotage entsteht, weil sie sich des fast wehmütigen Bewußtseins nicht erwehren kann, der Wahrheit nicht mächtig zu sein, ohne sie doch gleich und zur Gänze in eine esoterische verwandeln zu wollen. Der Appell an die gleichwohl abwesende Wahrheit sucht Barrieren gegen den drohenden Eskapismus einzuziehen, dem allein alles gleichgültig wäre. Die Ironie reflektiert diese Sackgasse. Sie steht für das Eingeständnis der Endlichkeit im Wissen oder auch dafür, daß es ohne die Annahme einer universalistischen Minimalreserve nicht geht. Im Wissen um die Perspektivität des Wissens weiß sie die Perspektive stets auf ein perspektivlos vorgestelltes (Wahrheits-) Zentrum überschritten, um gleichwohl wieder ihre Gefangenschaft zu ahnen. Als Bewußtsein der Grenze oder des »Widerstreits des Unbedingten mit dem Beding-

---

[2] Der Unterschied zwischen Theorie und Praxis darf aber auch nicht übersteigert werden. Nicht nur weil die Aporien der Praxis – ihre relative Gefangenschaft im »Dunkel des gelebten Augenblicks« (Bloch) oder im Kontext der Perspektive, worum es gerade geht – von der Theorie auf höherer Stufe wiederholt werden: da nämlich, wo sie sich selbst als (theoretische) Praxis zu begreifen sucht, sondern auch, weil nachdrücklich gefragt werden muß, welche Rolle die gesellschaftlichen Veränderungen spielen, in deren Rahmen die Evolution theoretischen Wissens massiv auf die Praxis zurückwirkt, wo eine Gesellschaft mehr und mehr dazu übergeht, theoretisch erzeugtes Wissen in die Festen der Praxis einzubauen, wo das Reflexivwerden des Wissens oder die metakognitiven Operationen nicht nur auf Dauer gestellt die Praxis begleiten, sondern auch noch als eine Art Gegenhalt fungieren, mit der Aufgabe, die Praxis gesellschaftlich und legitimatorisch abzusichern.

ten« (Schlegel) begreift sie, um ein Adorno-Wort abzuwandeln, daß es mit dem Leben eine ernste Sache ist, aber so ernst wieder auch nicht.

Ironie ist, so besehen, die höchste Erkenntnisform, weil ihr die Einsicht in die aporetische Natur des Wissens gleichsam zur zweiten, selbstkritischen Natur, zum Habitus, geworden ist, der metareflexiv alles Bestreben, das Wesentliche der Sache zu begreifen, begleitet. Die Analyse der Dinge gerät der Ironie stets zum metareflexiven Diskurs, womit sie – im Unterschied zu anderen – zu erkennen gibt, im Blick auf die Sache nicht allein durch Logik bestimmt und geleitet zu sein.

Die reflexive Figur, uns selber wie von einem weit entfernten Standpunkt in der objektivierenden Außenperspektive zu beobachten, ist eine im tiefsten Grunde ironische Angelegenheit; nicht nur, weil jener »Ort« für Wesen unserer Art unerreichbar bliebe oder das perspektivlos vorgestellte Wahrheitszentrum nicht in Besitz genommen werden könnte, sondern weil jenes Milieu, das uns mittels Wahrscheinlichkeit und Statistik zum Spielball äußerer Mächte (der Kosmologie, der Evolution, der funktionalen und ökonomischen Differenzierung usw.) machte, absolut unerträglich wäre. Es scheint, diese Situation oder die Bindung an Endlichkeit und Innenansicht (der Perspektiven und der Kontexte, der Körperlichkeit und der Todesnähe) veranlaßt uns zu Solidarität und Nachsicht mit uns selber.

III

Die Metaphorik der Wahrheit

»... daß das Wahrscheinliche
nicht notwendig das Wahre sei
und die Wahrheit
nicht immer wahrscheinlich.«

S. Freud

Logik und Rhetorik in der Philosophie

Aufs ganze gesehen hat die Rhetorik in der Philosophie der Neuzeit eine schlechte Presse. Zu sehr steht sie im Verdacht, eine »hinterlistige Kunst« zu sein, die, wie Kant sagt, »die Menschen als Maschinen in wichtigen Dingen zu einem Urteil zu bewegen versteht.« Kant fährt fort: »als Kunst, sich der Schwächen des Menschen zu seinen Absichten zu bedienen, [ist sie] gar keiner Achtung würdig« (Kant, *Urteilskraft,* 238). Bereits in der Antike wird die Rhetorik als die Kunst, mittels der Rede zu überzeugen, als eine erlernbare Technik dargestellt, auf die man bei Gelegenheit, das heißt bei öffentlichen Anlässen zurückgreifen kann, um das Publikum oder die öffentliche Meinung für sich einzunehmen. Auf diese Vorstellung von Rhetorik als einem formalen sprachlichen Instrument greifen auch heute diejenigen zurück, die versprechen, daß – zu welchem Zweck auch immer – der Erfolg sich einstellt, wenn man nur über das notwendige sprachliche Rüstzeug verfüge. Das eben halte die Rhetorik parat. Wer gut zu reden verstehe, wer wisse, eine Rede wirkungsvoll aufzubauen oder Argumente geschickt zu präsentieren, dem sollte es auch möglich sein, dem Publikum oder dem Gesprächspartner seinen Willen aufzuzwingen. Entsprechend hängt der Rhetorik seit altersher das allgemeine Urteil an, sie könne den schwächeren Standpunkt zum stärkeren und die schlechte Sache zur besseren machen.

Gegen diese Instrumentalisierung der Rede zum Zwecke der

Überredung hat sich die Philosophie von Anfang an zur Wehr gesetzt. Der Affront gegen die Philosophie bestand (und besteht) darin, daß die Rhetorik der Inbesitznahme durch jeden Zweck offen zu stehen scheint. Das mußte die Philosophie um so schmerzlicher berühren, als in der Antike die Rhetorik nicht nur in enger Verwandtschaft mit der Philosophie gesehen wurde; beide haben sich vielmehr auch als Konkurrenten im Streit um die öffentlichen Angelegenheiten begriffen.

Das Hauptargument, das Platon gegen sie richtete, war dann auch das, die Rhetorik als Machtinstrument aufgefaßt, wisse nicht, für welchen Zweck sie eigentlich die Macht der Rede anstrebe. Als wertneutrale Technik müsse sie das Wissen um das Gute und das Gerechte, daß heißt, um die grundlegenden inhaltlichen Voraussetzungen politischer Praxis, woanders hernehmen, sie könne sie in keiner Weise aus sich selber schöpfen: Die Rhetorik klammere die Grundfragen richtiger Praxis aus oder, was dasselbe ist, sie unterscheide nicht strikt zwischen politisch-praktischem Handeln und technisch kalkuliertem Machen. In der Perspektive des Machenkönnens gehe es um die Perfektionierung der Mittel, nicht um die Einsicht, welchem Zweck die Mittel zu dienen hätten. Politische Praxis werde auf die Ausbildung und Verbesserung von Sozialtechniken reduziert. Nach der richtigen Verfassung von Allgemein- und Privatinteresse zu fragen, mache unter rein technischem Gesichtspunkt keinen Sinn, es sei denn, man kenne die Lösung. Anders gesagt: Das Hauptargument Platons besteht in der Erinnerung, daß das politische Handeln eine grundlegend andere Struktur besitzt als das am technischen Herstellen oder Produzieren ausgerichtete Verhalten.

Es ist nicht dieser Einwand allein, der die Rhetorik ins Zwielicht bringt. Der Zweideutigkeit könnte sich die Rhetorik dadurch entwinden, daß sie sich bescheidet und die Statistenrolle akzeptiert, die ihr die Philosophie mit Platon zugewiesen hatte. Fast scheint es, ein anderer Einwand bereite der Rhetorik größeres Kopfzerbrechen – wohl deshalb, weil er beherzigt, was Hegel von aller philosophischen Kritik gefordert hat: sie solle sich in den Umkreis der Stärke des Gegners stellen. Das Argument zieht nämlich den starken Glauben der Rhetorik in Zweifel, sie sei wirklich, wie Kant meinte, einer mechanischen Kunst vergleichbar, in deren Macht oder gar Gewalt es stünde, genau die Wirkung zu erzielen oder den Zwang auszuüben, der es dem Rhetor gestattet, den Sinn des Publikums in die Richtung zu lenken, die er selbst beabsichtigt hat – als gäbe es tatsächlich der mechanischen Wirkung analoge rhetorisch-technische Mittel, das Verständnis der Menschen gemäß den Intentionen des Rhetors gesetzmäßig zu manipulieren. Ein beredtes Zeugnis für diesen Glauben ist die berühmte Helena-Rede des Gorgias von Leontinoi, der Helena, die sprichwörtlich schönste Frau der Antike, verteidigt und von der Schuld frei zu sprechen sucht, die ihr – im Zusammenhang mit dem Ausbruch des Trojanischen Kriegs – allseits angelastet wird. Da nämlich behauptet Gorgias: Die »Rede ist ein großer Bewirker; mit dem kleinsten und unscheinbarsten Körper vollbringt sie göttliche Taten: vermag sie doch Schrecken zu stillen, Schmerz zu beheben, Freude einzugeben und Rührung zu mehren« (Gorgias, *Reden*, 9).

 Die Rede besitzt nach Gorgias die göttliche »Wirkkraft der Beschwörung«. Die Art und Weise, wie die Sprache ihre Taten verrichtet, wie sie wirkt, bekehrt, betört, eingibt und gestaltet, läßt sie am Zauberkreis magischer Kräfte teilhaben. Der logos bezaubert und überwältigt die, die sich ihm nähern; unterhalb der Schwelle rationaler Erwägungen übt er einen unwiderstehlichen Zwang aus: »Rede nämlich, die Seele-bekehrende, zwingt stets die, die sie bekehrt, den Worten zu glauben und den Taten zuzustimmen.« Gorgias schließt mit einem überaus plastischen Vergleich. Denn »im selben Verhältnis steht die Wirkkraft der Rede zur Ordnung der Seele wie das Arrangement von Drogen zur körperlichen Konstitution« (Gorgias, 11).

 Um die Annahme von der magisch-zwingenden Kraft der Rede abzustützen, muß die Rhetorik auf vergleichsweise starke Voraussetzungen zurückgreifen, die einzulösen nicht leicht fallen. Sie muß beispielsweise unterstellen – denkt man einmal an ein größeres Publikum – daß alle Zuhörer den logos in etwa auf die gleiche Weise vernehmen, daß heißt, die Zuhörer zu gleichen oder ähnlichen Verständnisleistungen fähig sind oder eine Gleichheit der kognitiven Struktur aufweisen. Alle Menschen müßten in gleicher Weise an Sprache und Verstehen Anteil haben. Nur im Rahmen dieser Illusion einer allen Menschen gleichen Sprachkompetenz könnte der Rhetor, gesetzt die Mechanik sei bekannt, sein Orchester von Zuhörern dirigieren. Auch wenn dieser mythische Glaube in Philosophie und Sprachwissenschaft weit verbreitet ist – die Beweislast ist zu groß, als daß sie mit guten Gründen getragen werden könnte. Das Publikum oder die Öffentliche Meinung ist keine homogene Masse, die wie ein Resonanzboden immer gleich zurückschwingt, wenn nur der Rhetor die richtigen Töne anschlägt. Beeinflußung vermittels sprachlicher Kommunikation ist mit der gewöhnlichen Alternative von Zwang oder Freiheit nicht zu fassen. Der französische Soziologe Pierre Bourdieu sagt daher zu recht: »Jede symbolische Herrschaft setzt von seiten der Beherrschten ein gewisses Einverständnis voraus, das keine passive Unterwerfung unter einen Zwang von außen, aber auch keine freie Übernahme von Wertvorstellungen ist« (Bourdieu, *Sprechen*, 27).

Bedeutungsgewinn der Rhetorik

Angesichts dieser systematischen Vorbehalte der Philosophie gegenüber der Rhetorik muß die Beobachtung Erstaunen hervorrufen, daß in der philosophischen Diskussion der Gegenwart die Rhetorik wieder Bedeutungsgewinne verbuchen kann. Ablesen läßt sich das an einem Detail wie dem, daß auch in philosophischen Kontexten die rhetorisch-sinnliche Qualität eines Textes zunehmend Beachtung findet, daß in Rücksicht auf die sprachliche Form, auf die Euphemismen der Wortwahl, auf Metapher und Stil, Rhythmus und Argumentationsdichte, Logos und Pathos die sinnlich wahrnehmbare Seite des Textkörpers heraufbeschworen wird, um die Signaturen eines Denkens zu entschlüsseln. Texte werden mit Physiognomien verglichen; will man sie verstehen, genügt es nicht, die Kombinatorik der Begriffe zu erlernen; vielmehr müssen sie ästhetisch enträtselt werden, der sinnliche Eindruck muß in wahrgenommenen Sinn übersetzt werden. Rhetorik erscheint derart als ein Werkzeug der ästhetischen Analyse von Texten, verdrängte Dimensionen am Textkörper der klassischen Philosophie zur Sprache zu bringen. Es scheint, als hätten Philosophen es lange versäumt, der rhetorischen Elemente ihrer Sprachen inne zu werden.

Das Beispiel deutet an, daß sich das gesteigerte Interesse an der Rhetorik nicht einer Aktualisierung oder gar Rehabilitierung der antiken Rhetorik verdankt. Rhetorik zielt nicht auf eine Wiederbelebung der traditionellen Gehalte, weder in Form der politischen oder der juristischen Rede noch in Gestalt der Lob- oder Grabrede. Die antike und mittelalterliche Rhetorik ist tot, lebt aber in Gestalt massenhafter Lebenshilfe- und Karriereplanungsdiskurse etc. fort. Was heute unter dem Titel Rhetorik firmiert, ist schwer zu sagen. Sicher ist nur, daß es sich um keine einheitliche Theorie handelt, nicht einmal um ein Programm, eher um eine Vielzahl verschiedener Fragestellungen und Interpretationen.

Was die traditionellen Auffassungen der Rhetorik betrifft, so hat es Hans Blumenberg treffend ausgedrückt, lassen sie sich auf »*eine* Alternative zurückführen: Rhetorik hat es zu tun mit den Folgen aus dem Besitz der Wahrheit oder mit den Verlegenheiten, die sich aus der Unmöglichkeit ergeben, Wahrheit zu erreichen« (Blumenberg, *Annäherung,* 104).

Das bedeutet: Dünkt man sich – gemäß der ersten Annahme – im Besitz der Wahrheit, muß man sich Gedanken darüber machen, wie die Wahrheit mitgeteilt werden kann, wie sie dorthin transportiert werden kann, wo sie nicht oder nur unvollständig ist. Dieser Auffassung zufolge wird die Rhetorik zu einer Kunst der Mitteilung; sie hat die Aufgabe, die Übermittlung der Wahrheit zu verschönern. Sie ist in erster Linie äußerer Zierat oder bloße Verkleidung, um die Wahrheit eingängig zu präsentieren. Um das zu bewerkstelligen, greift sie auf das ganze Arsenal der Metaphern und stilbildenden Figuren zurück. Sie ist die Kunst der Überredung. Um ein neueres Beispiel zu geben: In seinem *Philosophischen Diskurs der Moderne* vertritt Jürgen Habermas diese Auffassung. Im Kontext seiner *Theorie des kommunikativen Handelns* wird der Philosophie und der Literaturkritik die Aufgabe zugeschrieben, das in der Welt der Wissenschaft von Experten methodisch entwickelte Wissen »rhetorisch zu erweitern und anzureichern« (Habermas, *Diskurs,* 245). Didaktisch aufbereitet soll es dem Verständnis des Alltagsbewußtseins übermittelt werden. Rhetorik wird also begriffen als eine Art sprachlicher Wiederaufbereitungsanlage von Spezialwissen für den allgemeinen Verkehr. Rhetorik ist abgestellt auf die Aufgabe des Wahrheitstransfers. An der Wahrheitsfindung oder ihrer Herstellung hat sie keinen Anteil. Dafür zeichnen die Fachleute verantwortlich. Kurz gesagt: Rhetorik ist heruntergebracht auf ein Hilfsmittel, dessen verdinglichende Dienstanweisung lautet: die Wahrheit so attraktiv zu gestalten, daß sie dort Einlaß findet, wo sie noch nicht zu Hause ist.

Im Gegensatz zum Begründungsdiskurs der Philosophie, der sich auf die Logik, das heißt auf das Rechnen mit Begriffen, stützt, ist die Redekunst ein subalternes Medium, Dekor oder eine Kunst des Scheins, von der Kant auch sagt, daß sie alles daran setze, sich »des Verstandes vermittels der Sinnlichkeit und des Scheins zu bemächtigen« (Kant, *Reflexionen*).

Nach der gängigen Einschätzung gilt, die Logik zielt auf die unbedingte oder universelle Geltung von Aussagen, die Rhetorik sucht sich inmitten der Pluralität von Meinungen zu behaupten. Die Logik bewegt sich im Medium tranzendentaler Wahrheit, die Rhetorik bringt es nur dazu, nach Maßgabe von Wahrscheinlichkeiten zu urteilen. Wo die Logik auf die Wahrheit setzt, rechnet die Rhetorik mit der Wirkung; wo die Logik, der Kontingenz der Dinge wegen, ein Drama inszeniert, fordert die Rhetorik den Kampf um die Macht.

Diese für die Philosophie paradigmatische Front bröckelt im Verlauf der Moderne Stück für Stück ab. Die philosophische Reflexion selbst unterminiert die selbstgesteckten Erwartungen des Rationalismus. Zu deutlich tut sich der Verdacht auf, daß die prominente Stelle, die die Philosophie der Logik zugedacht hatte, durch eine Verdrängung erkauft ist; die nämlich verhindert, daß die der philosophischen Argumentation notwendig anhaftende Rhetorizität wirklich in den Blick gerät. Kurz, der Bedeutungsgewinn der Rhetorik ist eng verbunden mit den Deckungslücken, die der philosophische Diskurs der Moderne aufgerissen, nicht aber beglichen hat.

Das heißt, durchaus zwiespältig kommt die Rhetorik den Bedürfnissen der Zeit entgegen, wenn sie darauf beharrt, daß es ein kontext- und metaphernunabhängiges Sprechen und Argumentieren nicht gibt, wenn sie die positivistische Unterscheidung einer rein rationalen Sprache von einer bildhaften für abstrakt und hochartifiziell erklärt, wenn sie die Leitidee philosophischer Erkenntnis, die Orientierung am Ideal geometrisch-apriorischen Wissens, in Zweifel zieht und den Glauben an den »eigentümlich zwanglosen Zwang des besseren Arguments« für die neueste Spielart des Mystizismus hält. Dieser Idealismus verdankt sich allein der Illusion einer allen Menschen gleichermaßen eingeborenen Regelkompetenz sprachlichen Handelns. In einem Wort: die Rhetorik widerstreitet mit der Erinnerung an die sprachliche Form des Denkens dem Purismus philosophischer Vernunft. Sie hintertreibt mit allen Mitteln des Historismus die Validierungskünste philosophischer Urteile aus dem Geiste des Immergültigen.

In der gesteigerten Beachtung der sprachlichen Form kann sich die Rhetorik auf eine Horizontverschiebung der philosophischen Moderne beziehen. Infolge davon hat sich das neuzeitliche, der wissenschaftlichen Methode angelehnte Denken in Richtung eines Diskurses verändert, dem ästhetische Motive einer fiktionalen Welterschließung in dem Maße wichtig werden, wie die Kunst zum Organ der Wahrheit aufsteigt und der Realismus der wissenschaftlich-technischen Weltsicht sich selbst reflexiv untergräbt. Diese Horizontverschiebung betrifft auch den philosophischen Zusammenhang von Logik und Rhetorik. Die Rhetorik bleibt nicht, wozu sie in Antike und Mittelalter dienstverpflichtet wurde, wenn sich die Philosophie ihrerseits aus der angestammten Rolle, Anwältin der Vernunft zu sein, gedrängt sieht. Wohlgemerkt, die kritische Revision der philosophischen Großwetterlage ist nicht das Werk der Rhetorik, sondern die Folge der beharrlichsten und ausgedehntesten Arbeit der Philosophie an ihrem eigenen, logozentristischen Mythos. Die Philosophie selbst hat, um einen Ausdruck Nietzsches zu benutzen, die Pflanze der Wahrhaftigkeit an sich groß gezüchtet, welche ihr nun, am Ende jener Geschichte der Suche nach absoluter Gewißheit, zum Verhängnis wird.

Um diese Schwerpunktverschiebung zu verdeutlichen, greife ich auf zwei Philosophen unseres Jahrhunderts zurück, auf Theodor W. Adorno und Ludwig Wittgenstein. Beide haben auf den ersten Blick wenig oder gar nichts mit Rhetorik zu tun. Gleichwohl läßt sich in Rücksicht beider Autoren die innerste Fiber des Streits ausgezeichnet entwickeln. Es geht dabei nicht um das, was Adorno selbst zur Rhetorik gesagt hat – bei Wittgenstein findet sie gar keine Erwähnung –, sondern darum, wie beide einer rhetorischen Lektüre der Philosophie vorarbeiten.

Auflösungslektüren der Identität

In seinen Vorlesungen zur *Philosophischen Terminologie* unternimmt Adorno den Versuch, einen gehaltvollen Begriff des Materialismus zu entwickeln. Er vertritt die Auffassung, daß, im Unterschied zu Idealismus und Spiritualismus, der Begriff des Materialismus erst richtig verstanden wird, wenn man auch das besondere »Aroma«, wie Adorno das nennt, wahrzunehmen lernt, das den Begriff hartnäckig begleitet. »Aroma« meint das, was an unausdrücklicher Bedeutung im Kontext des allgemeinen Sprachgebrauchs kommuniziert wird, etwas, das des Geruchs- und Geschmacksorgans bedarf, um wahrgenommen und vergegenwärtigt zu werden. Die Metapher spielt auf die fast immateriellen Beziehungen an, die der Materialismusbegriff, gleichsam nur für die gute Nase und den differenzierenden Geschmack, mit den anderen Begriffen unterhält. Wie vielen Menschen ein meist unverkennbarer Geruch anhaftet, so auch der Vorstellung, die der Begriff Materialismus hervorruft. Eine besondere Note unterscheidet den Begriff von anderen bereits auf einer präreflexiven, sinnlich und ästhetisch bestimmten Stufe. In diesem Zusammenhang geht es wohlgemerkt nicht primär um den Begriff des Materialismus – dieser ist nur ein Beispiel-, sondern darum, daß sich die Semantik eines philosophisch bedeutsamen Begriffs nicht im erkalteten Ausdruck einer Definition oder Formel, im Text als einem System logisch aufeinander abgestimmter Urteile erschöpft; vielmehr, daß der semantische Gehalt von einem nahezu mythischen Ganzen von Bildern und Gleichnissen, Analogien und Diskursen, Gefühlen und Ahnungen umstellt wird, die die Vorstellung des Begriffs mit einer unverwechselbaren Klangfarbe durchdringen. Adorno glaubt, daß der Materialismus über alle Unterschiede hinweg von Demokrit und Diogenes Laertius über die französischen Materialisten bis zu Feuerbach, Marx und Freud nicht vorgestellt werden kann, ohne jedesmal ein gerüttelt Maß an Polemik zu provozieren.

»Wenn sie sich vergegenwärtigen wollen, was alle diese materialistischen Richtungen miteinander verbindet, dann ist es [...] ein gewisser Zug des Polemischen, der sich von dem affirmativen, bejahenden Zug schließlich aller idealistischen Philosophie grundsätzlich unterscheidet. Es lebt in dem Materialismus [...] ein tiefes Mißtrauen dagegen, daß einem durch die Berufung auf das Hohe und Ewige und Edle und Unvergängliche, ganz gleich, wie nun diese Begriffe im einzelnen [...] bestimmt werden, das Fell über die Ohren gezogen wird, daß die Philosophie einem etwas weismachen will und daß sie im Dienst von Interessen steht« (Adorno, *Terminologie 2,* 171). Am Begriff des Materialismus dagegen haftet seit den Anfängen etwas Anrüchiges an, ein Beigeschmack von materiellen und niederen Interessen, was man kurz vielleicht mit Brechts berühmten Diktum so charakterisieren kann: erst komme das Fressen, dann die Moral. »Den Ausdruck Aroma«, fügt Adorno hinzu, habe er »nicht nur aus Not gewählt, das richtige Wort zu finden. Der Ausdruck erinnert an physiologische Sinnesqualitäten, von denen man nicht absehen kann, wenn man das Spezifische zu fassen versuchen will« (Adorno, *Terminologie,* 171).

Was an diesem Beispiel notiert werden soll, ist dies: Im Ausgang philosophischen Denkens steht eine Erfahrung, für die man die Sinne offenhalten muß, etwas, das über bestimmte Sinneskanäle transportiert wird und an die konkrete Wahrnehmung rückgekoppelt bleibt; das zwar der Kraft der Imagination bedarf, um es deutend zum Ausdruck zu bringen, das gleichwohl niemals im Begriff aufgeht, der (es) definitiv zu bestimmen sucht. Das Denken bleibt mit dem sinnlich affizierten Gewahrwerden der Dinge verbunden; das ist der erste Sinn, an den die Aromametapher erinnert. Eine bloße Verrechnung von Begriffen ist noch keine Philosophie.

Nietzsche war diesbezüglich wohl der erste Denker, der sich des Geruchs als des führenden Organs seines Denkens bewußt war, wenn er schreibt, daß sein Genie in seinen Nüstern stecke. Nicht ohne Grund spricht Nietzsche immer wieder von seiner Witterung; er wittert die Dinge, die am Horizont der modernen Welt heraufziehen, noch ehe sie da sind. Nicht die ansonsten den okzidentalen Rationalismus beherrschende Metaphorik des Gesichts und des Lichts, das visuelle System ist der Leitfaden seines ästhetischen

Denkens, sondern der weniger feine Sinn des bulbus olfaktorius. Die Aura eines philosophischen Begriffs oder die Atmosphäre einer Zeit lassen sich nicht begreifen wie die Mechanik von Input und Output. Sie zu erfassen, bedarf es der Rückbindung an die Modi sinnlich-imaginärer Wahrnehmung, an das Wittern und Spüren, Vernehmen und Bemerken, Nachempfinden und Gewahrwerden.

Adorno sucht die Witterung für das, was am Materialismus anrüchig ist, in einem Begriff festzuhalten und zu reflektieren. Philosophisches Denken bleibt nicht bei der schlichten Beobachtung stehen; die Wahrnehmung wird nicht einfach registriert. Sie wird geprüft und der reflexiven Bewährungskontrolle unterzogen. Imagination und Reflexion streben eine Art Übersetzung an, sie machen die Sinneswahrnehmung bewußt. Das Anrüchige des Materialismus ist, um im Beispiel zu bleiben, das Polemische. Das ist im Kontext von Überlegungen zur Rhetorik auch aus dem Grunde aufschlußreich, weil das Polemische als philosophische Kategorie eine höchst abwegige oder ungewöhnliche ist; in keiner Kategorienlehre hat das Polemische einen Stammplatz, obwohl, von der faden Begriffsbastelei akademischer Philosophen einmal abgesehen, es in kaum einem großen Werk der philosophischen Literatur fehlt. Das ist symptomatisch und ein kleiner Hinweis auf die Art der Verdrängung, die das Rhetorische in der Philosophie erfährt.

Wenn Adorno – nicht ohne Not – auf eine Metapher und *nicht* auf einen Begriff rekurriert, dann heißt das auch, daß der Kreis zwischen der sinnlichen Wahrnehmung und dem philosophischen Begriff nicht geschlossen, sondern, der Not gehorchend, nur ästhetisch, eben mit Hilfe einer Metapher, überbrückt werden kann. Die Sache geht im Begriff nicht auf. Man kann das auch so sagen: Umfang und Intensität der sinnlichen Erfahrung lassen sich nicht ohne Rest durch begriffliches Denken einfangen. Wahrheit ist nicht allein Aussagenwahrheit; sie erschöpft sich nicht in propositionalem oder diskursivem Wissen.

Die Metapher vom »Aroma einer Philosophie« erinnert an das nichtkognitive Moment, das in die konzeptuellen Beziehungen des Denkens nicht aufgelöst werden kann.

Die Metapher hat also eine Brückenfunktion; sie überfliegt (und verkörpert) die Differenz von Sinnlichem und Geistigem, sofern sie nur im Verständnis der Menschen Resonanz erzeugt. Die Metapher antizipiert im Medium rhetorischer Reflexion die Möglichkeit, jegliche Differenz unter Vorbehalt der Resonanzerzeugung dekonstruktiv-konstruktiv zu übersteigen. Dieser ästhetische Sinn wird zwingend oder für alles Denken konstitutiv (verfassunggebend), wenn, wie noch gezeigt wird, das begriffliche Denken mit dem »Trieb zur Metaphernbildung« (Nietzsche) in Zusammenhang gebracht wird.

Was an der Vorstellung des »Aromas einer Philosophie« weiterhin hervorgehoben werden soll, ist, daß philosophische Begriffe, sofern sie wirklich mit dem Leben der Zeit verbunden sind, Bedeutungen kommunizieren, die in ein Geflecht von Macht und Machtwirkungen eingelassen sind, von denen sie sich gar nicht freimachen können. Sie sind nicht unabhängig vom Kontext einer konkreten Situation oder einer gesellschaftlichen Interessenlage. Gedanken können, vom Kontext abstrahiert, dem Inhalte nach identisch sein, nichtssagend und bloß phantastisch in dem einen Fall, innovativ und umwälzend aber in dem historischen Augenblick, wo sie sich gesellschaftlicher Macht verbinden. Anders gesagt: Der Anteil, den die Zeit am Verständnis und der Auslegung eines Begriffs hat, kann nicht getilgt werden. Es ist nur eine vermeintliche Lösung, daß es der philosophischen Reflexion auf den Zeitanteil der Begriffe gelänge, die geschichtlichen Momente, die sich in ihnen verfangen haben, von der wahren oder logischen Bedeutung zu trennen. Das schließt aber keineswegs aus, dies paradoxe Geschäft stets neu zu betreiben. Es ist ja gleichsam die Aufgabe der Philosophie seit Hegel, die Zeit in Gedanken zu erfassen, auch wenn das Hegelsche Programm: sich im Gedanken der Zeit über die Zeit definitiv zu erheben, sich als eine Träumerei der Metaphysik erwiesen hat. Wenn aber die Bedeutungssedimente der Zeit nicht grundsätzlich getilgt werden können, dann macht das auch die Antithese einer Philosophie, die endgültige Gewißheit in Aussicht stellte, zunichte, nämlich die: zweifelsfrei zwischen Wahrheit und Wirkung, Geltungs- und Machtfragen unterscheiden zu können. Der Gegensatz von Wahrheit und Wirkung erweist sich als oberflächlich, weil er auf keiner echten Alternative beruht, jedenfalls nicht im Augenblick, wo nicht zu erkennen ist, wie denn das Wahrheitsmoment von der bloßen Wirkung geschieden werden könnte. Wie Blumenberg schreibt, bleibt auch der Philosophie der Verzicht nicht erspart, der aller Rhetorik zugrunde liegt: wie die Wissenschaft auf Zustimmung oder consensus angewiesen zu sein.

Diesen Schritt zu tun, hat Adorno sich geweigert. Ob zu Recht oder Unrecht, bleibt dahingestellt. Seine methodische Vision eines »Denkens in Konstellationen« jedenfalls zieht den Identitätsanspruch der klassischen Philosophie in Zweifel, ohne grundsätzlich mit ihm brechen zu wollen.

Von der Identität zur Ähnlichkeit

Mit Wittgensteins Überlegungen zum Sprachspiel dringen wir in die heißen Zonen des alten Streits um Logik und Rhetorik. Das gilt natürlich auch oder sogar in besonderem Maße, wenn Wittgenstein sein Ensemble von Ideen gar nicht in den Kontext jener Auseinandersetzung gestellt hat. Während Adorno vor den relativistischen Konsequenzen einer rhetorischen Lektüre der Philosophie zurückschreckt, sind Wittgenstein solche Ängste fremd. Im Fluchtpunkt seiner Überlegungen zum Sprachspiel werden die Gründe entkräftet, die die alte Unterscheidung von Logik und Rhetorik getragen haben.

Wittgenstein sieht Begriffe bzw. Bedeutungen über »Familienähnlichkeiten« miteinander verbunden. Nicht universell gültige (transzendentale, logische, linguistische etc.) Gesetze verknüpfen Vorstellungen und Begriffe, vielmehr stehen diese in einem losen Verbund, der sie je nach Kontext oder Situation aufeinander verwiesen sein läßt. Die Vorstellung von »Spiel« ist Wittgenstein bevorzugtes Beispiel eines Begriffs, der auf viele Dinge zutrifft, für den kein gemeinsames Merkmal festgestellt werden kann, wohl aber »Familienähnlichkeit«. »Betrachte z. B. einmal die Vorgänge, die wir ›Spiele‹ nennen. Ich meine Brettspiele, Kartenspiele, Ballspiel, Kampfspiele, usw. Was ist allen diesen gemeinsam? – Sag nicht: ›Es muß ihnen etwas gemeinsam sein, sonst hießen sie nicht ›Spiele‹ ‹ – sondern *schau*, ob ihnen allen etwas gemeinsam ist. – Denn, wenn du sie anschaust, wirst du zwar nicht etwas sehen, was allen gemeinsam wäre, aber du wirst Ähnlichkeiten, Verwandtschaften, sehen, und zwar eine ganze Reihe. Wie gesagt: denk nicht, sondern schau! Schau z. B. die Brettspiele an, mit ihren mannigfachen Verwandtschaften. Nun geh zu den Kartenspielen über: hier findest du viele Entsprechungen mit jener ersten Klasse, aber viele gemeinsame Züge verschwinden, andere treten auf. Wenn wir nun zu den Ballspielen übergehen, so bleibt manches Gemeinsame erhalten, aber vieles geht verloren. Sind sie alle *unterhaltend?* Vergleiche Schach mit dem Mühlfahren. Oder gibt es überall ein Gewinnen und Verlieren, oder eine Konkurrenz der Spielenden? Denk an die Patiencen. In den Ballspielen gibt es Gewinnen und Verlieren; aber wenn ein Kind den Ball an die Wand wirft und wieder auffängt, so ist dieser Zug verschwunden. Schau welche Rolle Geschick und Glück spielen. [...] Und so können wir durch die vielen, vielen anderen Gruppen von Spielen gehen, Ähnlichkeiten auftauchen und verschwinden sehen.

Und das Ergebnis dieser Betrachtung lautet nun: Wir sehen ein kompliziertes Netz von Ähnlichkeiten, die einander übergreifen und kreuzen. Ähnlichkeiten im Großen und Kleinen. Ich kann diese Ähnlichkeiten nicht besser charakterisieren als durch das Wort ›Familienähnlichkeiten‹; denn so übergreifen und kreuzen sich die verschiedenen Ähnlichkeiten, die zwischen den Gliedern einer Familie bestehen: Wuchs, Gesichtszüge, Augenfarbe, Gang, Temperament, etc. etc. Und ich werde sagen: die ›Spiele‹ bilden eine Familie« (Wittgenstein, *PU*, 48, 49).

Das ist ein aufregend neuer Gedanke dort, wo ansonsten in der Philosophie die Begriffe über eindeutig bestimmte Merkmale oder Merkmalskombinationen vorgestellt werden. Das Konzept der »Familienähnlichkeit« markiert einen tiefen Einschnitt in der philosophischen Tradition, denn es zeigt, daß die herkömmliche, am Methodenideal der formalen Wissenschaften orientierte Vorstellung über die Bildung und den Zusammenhang der Begriffe insofern unzulänglich ist, als sie nicht der Regel: »gleicher Begriff, gleiche Merkmale« folgen. Begriffe in natürlichen Sprachen besitzen nicht nur keine scharf umgrenzten Ränder, sondern je nach Kontext oder Sprachgebrauch kann ihre Bedeutung erheblich variieren; ja, in einer Vielzahl von Fällen wird überhaupt keine gemeinsame Eigenschaft angetroffen, welche die logische Identität des Dings oder Begriffs festschreiben könnte. Um die Bedeutung zu verstehen, soll man laut Wittgenstein nicht denken, sondern auf das Sprachspiel derjenigen schauen, die es gerade spielen. Die Betrachtung des Sprachgebrauchs lehrt das jeweils oder aktual Gemeinsame des Begriffs verstehen. Das Sprachspiel wiederum ist Teil einer besonderen Lebensform; nur im Horizont des Gebrauchs im Rahmen einer Lebensform lernt man die Bedeutung kennen. Das gilt im besonderen Maße für die Begriffe und Wendungen im Einzugsbereich der Alltagssprache, da der umgangssprachliche Gebrauch von Worten und Wendungen der zugleich umfassendste und variabelste ist.

Dagegen sind den Anwendungsmöglichkeiten wissenschaftlicher Begriffe enge Grenzen gezogen. Den Normalfall wissenschaftlicher Praxis einmal vorausgesetzt, hängt in den hochformalisierten empirischen Wissenschaften die richtige Verwendung der Begriffe vom Vorhandensein gemeinsamer Merkmale ab. Man könnte wissenschaftliche Theorien – im Unterschied zu alltagssprachlichen Vorstellungen – geradezu als Sprachspiele mit eingeschränkter Bedeutungsvariation der Begriffe bezeichnen. Wieder anders verhält es sich mit der Philosophie. Will sie sich nicht selbst durchstreichen, kann sie sich nicht an die nach Spezialsprachen differenzierten Wissenschaften anlehnen. Die Philosophie strebt nach einer gewissen Allgemeingültigkeit ihrer Aussagen und Begriffe – auch und gerade im Blick auf die Handlungsorientierung in alltagsweltlichen Zusammenhängen. Im Kontext natürlicher Sprachen hat Wittgenstein zufolge die Ordnung der Begriffe nach dem Muster »gleicher Begriff, gleiche Merkmale« nur begrenzte Geltung. Zwar ist das logische Schema nicht in jedem Fall außer Kraft gesetzt, nur läßt sich der Universalitätsanspruch, über den sich die Philosophie definiert, schwerlich stabilisieren, wenn die Philosophie bereits im Vorfeld der Begriffsbildung sich nicht sicher sein kann, die Bedeutung hinreichend genau zu erfassen. Unter diesen Voraussetzungen wird die Reflexionslage der Philosophie hochproblematisch: Sie muß ihre zentralen Begriffe wie Freiheit und Gerechtigkeit, Erkenntnis und Selbstbewußtsein, Wahrheit und Moral alltagssprachlichen Bedeutungsgeflechten entnehmen. Sie muß sich fragen lassen, wie das allgemeine oder wesentliche Merkmal eines Begriffs dingfest gemacht werden kann, wenn nur ein situativ bestimmtes, kompliziertes Netz von Ähnlichkeiten die Bedeutung des Begriffs erhellt, das heißt, keine universell gültige Logik die Bestimmtheit des Begriffs über Identität und Verschiedenheit definiert?

Wittgenstein verdeutlicht seinen Gedanken nochmals am Beispiel der Sprache. Er läßt einen fingierten Gesprächspartner Folgendes einwenden (der Gesprächspartner spricht im übrigen ungefähr das aus, was Wittgenstein einige Jahre zuvor selbst geglaubt hatte): »Du machst dir's leicht! Du redest von allen möglichen Sprachspielen, hast aber nirgends gesagt, was den das Wesentliche des Sprachspiels, und also der Sprache, ist. Was allen diesen Vorgängen gemeinsam ist und sie zur Sprache, oder zu Teilen der Sprache macht.« Darauf gibt Wittgenstein folgende Antwort »Statt etwas anzugeben, was allem, was wir Sprache nennen, gemeinsam ist, sage ich, es ist diesen Erscheinungen gar nicht Eines gemeinsam, weswegen wir für alle das gleiche Wort verwenden, sondern sie sind mit einander in vielen verschiedenen Weisen verwandt. Und dieser Verwandtschaft, oder dieser Verwandtschaften wegen nennen wir sie alle ›Sprachen‹« (Wittgenstein, *PU,* 47, 48).

Die philosophische Leitidee des Sprachspiels setzt an die Stelle des rationalen Verfahrens, das über Identität und Verschiedenheit die logische Bestimmtheit des Begriffs zu erreichen trachtet, das ästhetische Konzept der Familienähnlichkeit. »Familienähnlichkeit« ist selbst eine Metapher, um den nichtbegrifflichen Zusammenhang der Begriffe metatheoretisch zu beschreiben.

Zunächst, Ähnlichkeit ist nicht Identität. Ähnlichkeit verhält sich zur Identität wie der Mythos zur Wissenschaft oder das Bild zum Begriff. Eine Identitätsrelation schreibt etwas zwingend vor; Ähnlichkeit verschafft Anschlüsse oder Zusammenhänge nach Maßgabe der Einbildungskraft. Identitätsbestimmung erfolgt nach den Regeln des Verstandes, die Einbildungskraft wählt Beziehungen der Ähnlichkeit zwischen Dingen und Ereignissen nach subjektiven Hinsichten aus; sie stellt bloß Vergleiche an – denn »comparaison, ce n'est pas raison« sagt Voltaire. Vergleichen ist nicht begreifen.

Metaphern werden über Ähnlichkeit definiert, Begriffe über Identität und Unterschied. Oder genauer: Bei der Bildung von Metaphern geht es um die treffende Auswahl von Vergleichbarem auf der Basis der Ähnlichkeit; bei der Erzeugung von Begriffen um die logische Bestimmung der Eigenschaften auf der Basis von Identität und Verschiedenheit. Das eben ist gemeint, wenn es heißt, an der Stelle der logischen Identität begrifflichen Denkens kommt die ästhetische Umschreibung nach Direktiven der Ähnlichkeit zu stehen. »Das Fremdeste paarend und das Nächste trennend« ist die Kurzformel Nietzsches für die Tätigkeit der Einbildungskraft. Ähnlichkeiten werden sinnlich oder sozial, räumlich oder zeitlich, bildhaft oder mythisch angeregt und warten, sei's auf zustimmende oder ablehnende Erzeugung von Resonanz; Identität bestimmt etwas als so und nicht anders sich verhaltend. Weil, wie erwähnt, die Identität zur Ähnlichkeit sich verhält, wie der Begriff zum Bild, fordert Wittgenstein folgerichtig dazu auf, zu schauen – und man kann ergänzen: zu hören, zu riechen usf. Das Denken allein reicht nicht aus, die über kommunikative Unschärfen vermittelten Bedeutungen der Alltagssprache zu verstehen. Angesichts des Transfers der Bedeutungen über die dunklen Kanäle sozial eingespielter Verwendungsweisen bleibt ein allein auf die Verrechnung der Begriffe gestelltes Denken kraftlos. Der kommunizierte Sinn oder das innere Band der Kommunikation läßt sich nur ästhetisch oder rhetorisch, das ist konstruktiv erschließen, nicht den Regeln der Logik zufolge erdenken. Das hat weitreichende Folgen für die Ontologie von Ich und Welt: Nicht die logische Bestimmtheit über Identität und Unterschied fundiert die Beziehungen der Sachen und Ereignisse untereinander, nicht die Logik determiniert die Ordnung der Dinge, sondern die symbolische Kommunikation von Gesellschaften oder Sprachgemeinschaften.[1]

Symbol woher die Kraft der Idee!

[1] An dieser Stelle scheint eine Zwischenbemerkung angebracht. Sie bezieht sich auf das, was im ersten Kapitel über Selbsterkenntnis entwickelt wurde. Vom Ähnlichkeitsdenken fällt ein neues Licht auf die Interpretation der Sich-Selbst-Gleichheit des Menschen: Der Bezug auf sich selbst, so könnte die ästhetisch motivierte Überlegung lauten, besteht weniger darin, mit sich selber identisch als sich ähnlich zu sein oder zu werden. Im Blick auf die Organisation des Selbst sind verschiedene Grade der Konsistenz oder

Übergang wie hier von Ästhetik zu Rhetorik ist nicht korrekt?

Schlüsse nach Art der Analogie oder Ähnlichkeit führen zu mehr oder weniger großer Wahrscheinlichkeit, nicht auf definitiv bestimmte Wahrheit. In den Sprachspielen der Menschen führt nicht die Logik Regie, sondern die Semantik regional begrenzter Sprachverwendungsregeln, die Ähnliches einander zugesellen. Der Sprachgebrauch im Rahmen bestimmter Lebensformen ist rhetorisch, das heißt, nach historisch-praktischen Regeln von Verwandtschaftsbeziehungen verfaßt. Um sie zu verstehen, muß die logische Bestimmtheit des Begriffs einer relativen Unbestimmtheit weichen. Ohne die Interpretation en détail weiter ausführen zu können –, was sich abzeichnet ist eine Wiederermächtigung von Grundbegriffen, auf denen die Rhetorik beruht: zuletzt stehen Eindeutigkeit gegen Verwandtschaft, Wahrheit gegen Wahrscheinlichkeit, Logik gegen Metaphorik, Identität gegen Ähnlichkeit, logische Bestimmtheit gegen kommunikative Unterbestimmtheit, Unbedingtheit gegen Zustimmungserwünschtheit.

Man kann das auch so sagen: Auf der Höhe einer vom Fortschrittspathos ausgehöhlten Moderne setzt Wittgenstein die Kategorie der Ähnlichkeit erneut in ihre Rechte, wenn er die kommunikativen Beziehungen der Menschen in rhetorischen (und das heißt eben auch ästhetischen) Beziehungen fundiert sieht. Die Ähnlichkeitsbeziehungen von Begriffen und sprachlichen Tropen gehen jeder Identitätsbestimmung voran. Wittgenstein macht für die neuere, besser noch analytische Philosophie hoffähig, was sie bei Nietzsche zunächst nicht wahrhaben wollte; man schimpfte ihn einen »Dichterphilosophen«.

Stimmigkeit zu unterscheiden. Entsprechend kann man das ›Sich-Selbst‹ über ein lose verknüpftes Gewebe von Verwandtschaften mit mäßig graduierter Konsistenz verstehen, ohne gleich dem Chaos oder der Beliebigkeit, jenem Schrecken aller Philosophen, Tür und Tor zu öffnen. Die Pluralität gegenwärtiger Lebensformen oder auch die funktional-arbeitsteilige Differenzierung hochindustrieller Gesellschaften legt es nahe, einen eher lockeren Umgang mit seiner Individualität zu pflegen und das kann man heute auch beobachten. Diese Ermäßigung der Identität zur Ähnlichkeit, wie man die Korrespondenz umschreiben könnte, scheint überhaupt eine Voraussetzung dafür zu sein, sich in einer Gesellschaft (spät-)modernen Zuschnitts zurechtzufinden.

Daß die Ähnlichkeitskategorie wieder in alte Rechte eingesetzt wird (wenngleich nicht in der ehemals praktizierten Weise), davon kann man sprechen insofern, als sie im Zeitalter der »Klassik« aus Philosophie und Wissenschaft verdrängt worden war, ohne doch ganz ausgeschlossen werden zu können. Den Ausschluß der Ähnlichkeit aus der Welt der Wissenschaft und die Einsetzung der Logik von Identität und Verschiedenheit zwischen dem 14. und 16.Jahrhundert hat Michel Foucault in seinem Buch die *Ordnung der Dinge* herausgearbeitet: »Am Anfang des siebzehnten Jahrhunderts, in jener Periode, die man zu Recht oder zu Unrecht das Barock genannt hat, hört das Denken auf, sich in dem Element der Ähnlichkeit zu bewegen. Die Ähnlichkeit ist nicht mehr die Form des Wissens, sondern eher die Gelegenheit des Irrtums, die Gefahr, der man sich aussetzt, wenn man den schlecht beleuchteten Ort der Konfusionen nicht prüft. In den ersten Zeilen der Regulae sagt Descartes: ›Sooft die Menschen irgendeine Ähnlichkeit zwischen zwei Dingen bemerken, pflegen sie von beiden, mögen diese selbst in gewisser Hinsicht voneinander verschieden sein, das auszusagen, was sie nur bei einem als wahr erfunden haben.‹ Das Zeitalter des Ähnlichen ist im Begriff, sich abzuschließen. Hinter sich läßt es nur Spiele, deren Zauberkräfte um jene neue Verwandtschaft der Ähnlichkeit und der Illusion wachsen. Überall zeichnen sich die Gespinste der Ähnlichkeit ab, aber man weiß, daß es Chimären sind« (Foucault, *Ordnung,* 83).

Anders als im Mittelalter und in der Renaissance wird das Spiel oder »das eindringliche Gemurmel der Ähnlichkeit« aus dem wissenschaftlichen Denken ausgeschlossen. Die Imagination der Ähnlichkeit bildet zwar, wie Foucault schreibt, »den undifferenzierten sich bewegenden Hintergrund auf dem die Erkenntnis ihre Beziehungen, ihre Maße und Identitäten errichten kann«, als Möglichkeit der Erkenntnis aber wird sie im Zeitalter der wissenschaftlichen Vernunft aus dem Gebiet der Erkenntnis herausfallen.[2] Fou-

---

[2] Ein Beispiel mag das verdeutlichen. In der berühmten *Logik des Port Royal* wird solcherart Denken, das auf der analogia entis beruht, nur mit Spott und Hohn bedacht: »Es gibt eine Konstellation am Himmel, die einige Leute Waage zu nennen belieben und die einer Waage so ähn-

cault bezieht sich auf David Hume, der darauf verweist, daß der Identitätsbeziehung die der Ähnlichkeit vorausgeht: »Der Philosoph kann sich um so viel Präzision bemühen, wie er nur will [...], ich wage dennoch zu behaupten, daß er keinen einzigen Schritt bei seinen Vorhaben ohne die Unterstützung der Ähnlichkeit machen kann. Man werfe nur einen Blick auf das metaphysische Gesicht der Wissenschaften, auch der am wenigsten abstrakten, und man sage mir dann, ob die allgemeinen Induktionen, die man aus besonderen Fakten zieht, oder ob die Familien und Arten und alle abstrakten Begriffe sich anders als mit Hilfe der Ähnlichkeit bilden können.« Und Foucault fährt fort: »Am äußeren Saum des Wissens bildet die Ähnlichkeit jene kaum sich abzeichnende Form, jenes Rudiment einer Beziehung, die die Erkenntnis in ihrer vollen Breite bedecken muß, die aber unendlich lange unterhalb ihrer bleibt wie eine stumme und nicht zu beseitigende Notwendigkeit« (Foucault, 103).

Wenn nun das, was Wittgenstein und Hume zum Ausdruck bringen, im Grundsatz richtig ist, dann hat das schwerwiegende Folgen für die Diskussion um Logik und Rhetorik. Es bedeutet nämlich, daß Beziehungen nach dem Vergleichs- und Analogietyp der Bildung abstrakter Begriffe ebenso vorausgehen wie den logischen Figuren des induktiven und deduktiven Schließens. Alles, was nach dem Muster »gleicher Begriff, gleiche Merkmale« konstruiert wird, das heißt, sich im Rahmen von Logik und Vernunft bewegt, läßt sich nur im Rückgriff »auf das eindringliche Gemur-

ist wie eine Windmühle; die Waage ist das Symbol der Gerechtigkeit: also werden die, die unter dieser Konstellation geboren werden, gerecht und billig sein« (Arnauld, *Logik*, 4). Das analogische Denken fügt mühelos zusammen, was logisch und sachlich im beginnenden wissenschaftlichen Denken der frühen Neuzeit weit auseinander liegt: Es springt von physikalischen Körpern (benachbarten Fixsternen) zu einem Gebrauchsgegenstand der Menschen (Waage), dessen Symbolik (Gerechtigkeit) über Charaktereigenschaften der Menschen Aufschluß gibt, die zu einem bestimmten Datum geboren sind. »Der menschliche Geist«, bemerkt Bacon, »dichtet gern [...] Parallelen und korrespondierende Verhältnisse, die nicht vorhanden sind« (Bacon *Neues Organ,* § 45).

mel der Ähnlichkeit« begreifen, welches das Logische ständig von allen Seiten bestürmt und aufzulösen droht. Jenem Gemurmel müssen, um im Bild zu bleiben, die Strategien gesellschaftlicher Disziplinierung eine feste Stimme und unzweideutige Rede geben.

Die Produkte der Wissenschaft, Theorien, Hypothesen, Experimente und anderes, sind auf dem Weg, die Ähnlichkeitsbeziehungen vergessen zu machen, am weitesten fortgeschritten. Unter dem Druck wissenschaftlicher Zurichtungs- und Abstraktionsprozesse wird die vom Bild her bestimmte Ähnlichkeit der Dinge weggearbeitet oder: wird aus Ähnlichkeit Identität. »Jeder Begriff entsteht durch das Gleichsetzen des Nichtgleichen«, sagt Nietzsche (*Wahrheit*, 313). Diese Läuterung der Ähnlichkeit zur Identität entspringt nicht der (logischen) Natur der Dinge, sondern der Wahrnehmung in »Gestalten« und dem kommunikativen Verkehr der Menschen untereinander, welche der Wissenschaft vorarbeiten, ohne die lockeren Bande der Begriffsverwandtschaften durch strenge oder regelstarre Identitätsmuster zu ersetzen. Die Möglichkeit zur Abstraktion, zum Vereinfachen und Schematisieren, Weglassen und Ergänzen, Komponieren und Dekomponieren ist freilich schon in der ästhetischen Konstitution oder Herstellung von Ähnlichkeit angelegt.

Diese Überlegung nun kehrt die gewöhnliche Auffassung um, derzufolge dem Logischen der (logische und historische) Vorrang vor den Verschönerungskünsten des Rhetorischen gebührt. Was als logisch gelten soll, muß, sofern es nicht eine seit langem gleichsam institutionalisierte Festigkeit erworben hat, aus der rhetorischen Verfassung sprachlicher Äußerungen herausgefiltert werden. Die Verwandtschafts- und Familienbande der Begriffe und Metaphern, der Vergleiche und Allegorien sind das Erste, die starre Regelmäßigkeit und Ordnung des Begriffshimmels das Abgeleitete. Das Rhetorische ist der schwankende Grund, auf dem das Logische sich erhebt. Die der eigenen Sprachlichkeit bewußte Argumentation zerfasert und zerfranst das Logische und setzt es in Gestalt konventionell oder gesellschaftlich institutionalisierter Regelungen erneut in seine Rechte. Paradigmatisch spiegelt sich diese Umkehrung in Nietzsches Deutung des Begriffs als »festgewordener Metapher«.

Im Ausgang von Nietzsches Überlegungen zur Verflechtung von Erkenntnis und Metaphorik lassen sich wiederum die Ambivalenzen entwickeln, die nun ihrerseits die rhetorische oder ästhetische Verfassung des Erkennens und Denkens belasten.

Janusgesicht der Metapher

In der Deutung des Begriffs als verdichteter Metapher folgt Nietzsche Jean Paul, der in der *Vorschule der Ästhetik* bereits davon gesprochen hatte, daß »jede Sprache in Rücksicht geistiger Beziehungen ein Wörterbuch erblasster Metaphern [ist]« (Paul, *Vorschule*, 184). Um diesen inneren Zusammenhang von Begriff und Metapher hat auch Hegel gewußt. In seiner *Ästhetik* ist die metaphorische Bedeutung die sinnliche oder uneigentliche, die aber »nach und nach verschwindet« und »durch Gewohnheit« in die eigentliche geistige Bedeutung umgewandelt wird. Hegel nimmt als griffiges Beispiel das Verb ›begreifen‹. In der Vorstellung von »begreifen« so bemerkt er, »fällt es uns in keiner Beziehung ein, dabei noch irgend an das sinnliche Anfassen mit der Hand zu denken« (Hegel, 518).

Ebenso ergeht es wohl den meisten beim Sprachgebrauch von »handeln«. An den Bezug auf die reale Hand wird dabei zu allerletzt gedacht. Hegel notiert daher zu Recht: »Bei lebenden Sprachen ist dieser Unterschied wirklicher Metaphern und bereits durch die Abnutzung zu eigentlichen Ausdrücken heruntergesunkener leicht festzustellen.« Kürzer: Kratze an jedem beliebigen Wort und du findest ein Metapher.

Hegel glaubt, die Metaphorik und damit das sinnliche Moment in der Herkunft der Begriffe könne im Begriff selbst getilgt und die relative (historische) Willkür in der bildhaften Verknüpfung über Ähnlichkeit und Vergleich in die logische Bestimmtheit des Begriffs aufgehoben werden. Das heißt, Hegel unterschätzt in Nietzsches Augen die Macht und Präsenz der Metapher, die dort wiederkehrt, wo die Philosophie sie am wenigsten erwartet hat. Nietzsche behauptet nicht nur eine untilgbare Restmetaphorik auf dem Grunde aller Begriffe, seine These ist vielmehr, daß es überhaupt Metaphern sind, die im Erkenntnisprozeß

Regie führen. Erkennen beruht auf einer Reihe von Metapherbildungen.

»Ein Nervenreiz, zuerst übertragen in ein Bild! Erste Metapher. Das Bild wird nachgeformt in einem Laut! Zweite Metapher. Und jedesmal vollständiges Überspringen der Sphäre, mitten hinein in eine ganz andere und neue« (Nietzsche, *Wahrheit*, 312). Und man kann fortfahren: von einem Laut oder Wort zu einem Ding, das im Rahmen gesellschaftlich verabredeter Zeichen eine genau bestimmte Menge von Merkmalen herausdestilliert hat und zur Wahrnehmung freigibt! Dritte Metapher. Worum es jedesmal geht: Zwischen Nervenreiz und Bild, Bild und Laut, Ding und Wort besteht kein unmittelbares Verhältnis, demzufolge das eine (das Bild oder das Wort) kausal notwendig aus dem anderen (dem Nervenreiz oder dem Ding) folgte. Die Dinge sind nicht einfach die Ursachen der Worte, das Bild nicht die Ursache des besonderen Lautes. Wäre es anders, man könnte sich kaum die Vielzahl der Sprachen erklären.

Erkenntnis ist nicht kausal bedingte Abbildung. Wird der große Halt der Logik, das Dogma der Abbildlichkeit der Erkenntnis in Zweifel gezogen oder das Außenkriterium entmachtet, welches das scheinbar objektive Urteil trägt, dann ist die philosophisch dekretierte Herabsetzung der Rhetorik auf die Stufe sprachlicher Ausschmückungsfunktionen nicht zu halten. Dann nämlich ist alles Sprechen rhetorisch und das Verhältnis zwischen den sogenannten Dingen der wirklichen Welt und den Worten, die benutzt werden, sie zu bezeichnen, ästhetischer Natur. Zwischen Nervenreiz und Bild, Dingen und Worten müssen von den Menschen oder den Gesellschaften als den Schöpfern der Sprachen – Nietzsche spricht von »Sprachbildnern« – Vermittlungsglieder erfunden werden, die eine Beziehung zwischen den absolut verschiedenen Sphären herstellen. Es werden Verknüpfungen aller Art zwischen Dingen und Worten, Vorstellungen und Gegenständen imaginiert, wo logisch oder sachlich partout keine angenommen werden müßten. Zwischen den Sphären gibt es nichts Immerseiendes oder Unabänderliches, das eine bestimmte Verknüpfung zwingend vorschreiben könnte. In ihrer Verhältnisbestimmung haben die Dinge keinen Grund; es sind nur Metaphern, die von hier nach dort weiterhelfen.

Nihilismus ist das Stichwort des ausgehenden 19. Jahrhunderts für diesen erkenntniskritischen (und gesellschaftsdiagnostischen) Befund, der am Ende des 20. Jahrhunderts als einer Art Druckwelle der Freisetzung von Möglichkeiten erfahren wird. Zwischen Subjekt und Objekt »gibt es keine Kausalität, keine Richtigkeit, keinen Ausdruck, sondern höchstens ein *ästhetisches* Verhalten, ich meine eine andeutende Übertragung, eine nachstammelnde Übersetzung in eine ganz fremde Sprache: wozu es aber jedenfalls einer frei dichtenden und frei erfindenden Mittelsphäre und Mittelkraft bedarf« (Nietzsche, 317).

Ästhetisch bedeutet in diesem Zusammenhang ersichtlich nicht, daß etwas schön ist, vielmehr bezeichnet es die schöpferische Kraft der Imagination, die ars inveniendi, die vermittels sprachlicher Gestaltung Beziehungen zwischen logisch verschiedenen Dingen und Sphären herzustellen in der Lage ist; sie verweist auf die Produktivkraft der Sprache, die fiktive Welten zu antizipieren versteht. Die anschauliche Welt wird mittels der Rhetorik aufgeschlossen, mittels der Logik der Begriffe wohlgeordnet begraben. Das langt nahe genug heran an Hegels bekannte Einsicht von der Eule der Minerva, die ihren Flug erst in der Dämmerung beginnt: Die Philosophie, ihr Grau in Grau malend, komme ohnehin zu spät; erst wenn eine historische Formation der Wirklichkeit, eine Weltgestalt, fertig geworden sei, könne sie mittels der Begriffe erkennen, verjüngen könne sie nicht. Wer spricht, dichtet – nicht, daß er Poesie treibt, er hat unwillkürlich teil an der Autopoiese und der Erfindung der Metaphern und Gleichnisse, der Begriffe und Relationen, deren kommunikative Summe ›Wirklichkeit‹ heißt. Was also ist Wahrheit, fragt Nietzsche und antwortet:

»Ein bewegliches Heer von Metaphern, Metonymien, Anthropomorphismen, kurz eine Summe von menschlichen Relationen, die poetisch und rhetorisch gesteigert, übertragen, geschmückt wurden und die nach langem Gebrauch einem Volke fest, kanonisch und verbindlich dünken« (Nietzsche, 314).

Das Prädikat ›ästhetisch‹ ist zudem gerechtfertigt, weil das prominente Stück Vermittlung von differenten Sphären und Dingen nicht kausal oder logisch determiniert, sondern metaphorisch vernetzt ist. Die Metapher ist der ausgezeichnete Ort, die um Welten logisch getrennten Sphären von Geistigem und Sinnlichem, Symbolischem und Begrifflichem zu überbrücken. Zusammengefaßt: Wenn weder Gott noch Natur die gesetzmäßigen Vorschriften enthalten, um abbildhaft oder mimetisch die Wirklichkeitserkenntnis zu garantieren, es im Gegenteil die »Mittelkraft« oder Produktivkraft sprach- und bedeutungsschöpferischer Gesellschaften ist, welche die Wirklichkeitsbrücken und -basen baut, dann ist die Verfassung von dem, was Realität heißt, ästhetisch oder rhetorisch. Es ist dieser Strang ästhetisch-konstruktivistischen Denkens, der nahezu alle bedeutenden Theorien des Erkennens und gesellschaftlichen Handels des ausgehenden 19. und 20. Jahrhunderts zusammenbindet. Anders gesagt, das philosophische Unternehmen, Erkennen und Handeln ästhetisch fundiert zu betrachten, ist, ausgesprochen oder unausgesprochen, in der Selbstdeutung der Moderne ungemein mächtig geworden. Das heißt auch, daß es nicht angeht, den Gedanken ästhetisch oder autopoietisch fundierter Weltverhältnisse dem modisch schicken Bewußtsein des Postmodernismus in die Schuhe zu schieben, selbst dann nicht, wenn sich seine Vertreter mit dieser Feder schmücken. Von Schelling bis Wittgenstein bricht sich ein Unbestimmtheitsdenken Bahn, das den Vorrang der Möglichkeit vor der Wirklichkeit behauptet.

Wenn es heute heißt, Ästhetik habe es im 20. Jahrhundert weniger mit Schönheit als mit Ironie und Mehrdeutigkeit zu tun, so wird hierin die Einsicht eröffnet, daß an der Nahtstelle der durch Erkennen und Handeln geschöpften Relationen von Dingen und Begriffen, von Autonomie und Heteronomie, Individualität und Vernunft, System und Umwelt eine Metaphorik der Wahrheit zu stehen kommt, deren Verfassung sehr verschiedene Inbesitznahmen zuläßt oder: die Pluralität von Deutungen und Lebensentwürfen unvermeidlich wird.

Die Bestimmung der Metapher (als ein Zentrum der Rhetorik) aber wäre grob fahrlässig, würde über die Zuschreibung der Möglichkeiten, die sie nach der Seite der Anregungspotentiale und der Transferleistungen, der Veranschaulichung und Verlebendigung besitzt, die andere vergessen, die nämlich, nach der ein Denken in Gefolgschaft der Metapher auch gründlich in die Irre führen kann. Denn die Metapher, wie die Sprache insgesamt, hat eine ungeheure

Macht, Gedanken und Wahrnehmungen in semantischen Netzen gefangenzunehmen. Die Metapher ist gleichsam das mythisches Flußbett des Denkens; nicht ohne Grund bezeichnet Schelling die Sprache als eine »verblichene Mythologie«. Wie die Ethnologie gezeigt hat, dringen Sprache und Kultur nicht eigentlich ins Bewußtsein. Als Medien der Alltagspraxis sind Denken und Handeln fast vollständig in sie eingebettet. Wie Fische im Wasser, so leben die Menschen in Sprache und Kultur. Entsprechend bedarf es einer beinahe übermenschlichen Kraft, diese Verhexung des Verstandes durch die Sprache zu lösen. Wittgenstein hat das in einem großartigen Ausdruck festgehalten: »Ein Bild hielt uns gefangen. Und heraus konnten wir nicht, denn es lag in unserer Sprache, und sie schien es uns unerbittlich zu wiederholen« (Wittgenstein, *PU*, 67).

Ob man die Welt im Rahmen der mechanischen Metapher als Uhrwerk begreift oder die Natur als eine energieverarbeitende Maschine vorstellt, die Mitglieder primitiver Gesellschaften mit Neurotikern und Kindern vergleicht und die menschlichen Triebe und Leidenschaften nach dem Druck- und Gegendruckprinzip des Dampfkessels beschreibt, das Gedächtnis als Speichersystem auffaßt oder das Gehirn als informationsverarbeitende Maschine, ob man den Strom fließen und sich verbrauchen läßt oder die, die ihre Arbeitskraft verausgaben in Arbeitnehmer verwandelt – jedesmal hält ein Bild uns gefangen. Und noch die Metaphorik von Gefangenschaft und (möglichem) Entkommen enthält eine Reihe von Fußangeln, die erst bemerkt werden, wenn man unter Schmerzen beginnt, sich aus ihnen zu befreien.

Die Arbeit an der Metapherngeleitetheit der Erkenntnis spiegelt sich auf ganz verschiedenen Ebenen. Sie reicht vom Protest gegen die kulturell vorgestanzten Bilder von »männlich« und »weiblich« bis zur Reflexion auf die Macht grammatisch bestimmter Denkformen, von denen Nietzsche sagt, daß wir Gott nicht los werden, solange wir an die Grammatik glauben.

Auch wenn das anklingen sollte, das Abstreifen der Gefangennahme durch ein Bild oder Gleichnis bedeutet *nicht*, einer an sich seienden Wahrheit nähergekommen zu sein. Vielmehr steht zu befürchten, mittels des Überstiegs nur in den Schaltkreis einer neuen Metapher gelangt zu sein. Wie die Beispiele zeigen, spricht vieles dafür, daß man der Metaphorik des Denkens und Erkennens erst gewahr wird, wenn einige Zeit verstrichen ist und man die Metapher als Metapher durchschaut hat, wenn also die gedankenleitende Funktion der Metapher gleichsam weggeschmolzen wurde, das Urteil einen anderen Standpunkt gewonnen oder sich ein neuer logischer Hintergrund aufgebaut hat. Nur, nach der cartesischen Institutionalisierung der Skepsis und dem Reflexivwerden der Wissenschaften läßt sich der Verdacht nicht mehr ausräumen, daß die Arbeit des Begriffs wiederum in den Gespinsten von Metaphernnetzen hängenbleibt, die zwar gegenüber den alten deutlich mehr Lebens- und Leuchtkraft besitzen, andere Bedürfnisse befriedigen und andersartige Formen der Kommunikation anstoßen, gleichwohl aber begrifflich erst kleingearbeitet werden können, wenn die Eule der Minerva ihren Flug schon begonnen hat. Die Arbeit an der Metapher, das Abschmelzen der Metaphorikkappen bis zu dem Punkt, da das ungeheure »Kolumbarium der Begriffe« (Nietzsche) dasteht, kann man durchaus das *logische* nennen.

Es wäre einseitig, die »Parallelaktion« zu übersehen, in die sich auch die Metapher verwickelt, wenn sie in Wahrnehmung und Vergleich sich die Dinge zugleich aufschließt und verdeckt. Diese Einsicht in die Schattenseiten der Metapher trennt die spätmodernen Überzeugungen von denen der Romantik, die vermittels der Metapher oder der schöpferischen Kraft, die aus ihr spricht, hoffte, auf das wahre, imaginäre Zentrum des Menschen schließen zu können und sie also in die Falle einer philosophischen Wesensanthropologie gehen läßt. So wenig wie im Kontext des Rationalismus der Begriff schlußendlich und ursprungstrunken die Kluft zwischen Sein und Selbst, Begriff und Sache überbrückt, sowenig gelingt das der Metapher. Das Bewußtsein dieser Parallelaktion bezeichnet denn auch den zweiten Strang des autopoietischen Denkens der Moderne: Mit der bedeutungsschöpferischen Erschließung der Welt auf der einen Seite geht die Abdunklung von Erfahrung auf der anderen einher; den Möglichkeitsgewinnen stehen die Verdichtung und das Rasendwerden der Zeit, das heißt, die Kräfte gesellschaftlicher Übermobilisation, gegenüber; der Perspektivität die Ausblendung von anderen Gesichtspunkten. Es herrscht ein Verdeckungsprinzip. Verlustfrei läßt sich so wenig denken, wie an der Börse spekulieren. Einsichtsgewinn und Verdunklungswachstum gehen Hand in Hand. Es verhält sich mit dem Denken und Erkennen wie mit dem blinden Fleck, der die Wahrnehmung stets begleitet.

Apologie des Bestehenden

Vergegenwärtigt man sich noch einmal das Hauptanliegen von Adornos und Wittgensteins Denken, so erkennt man: Beide Autoren heften ein großes Fragezeichen an das, was dem Logozentrismus einer archimedische Gewißheit suchenden Philosophie lange Zeit eine dogmatische Voraussetzung war. Sie ziehen die Vorherrschaft begrifflich identifizierenden Denkens in Zweifel. Sie bringen auf unterschiedliche Weise ein Unbehagen an der Identitätslogik der Metaphysik zum Ausdruck. Ihre Philosophie ist in ihren Hauptstücken eine Kritik der Identität. Adorno und Wittgenstein rücken vom Primat der sich selbst begründenden Vernunft ab; sie relativieren den Machtanspruch des Logischen. Adorno, indem er das methodische Ideal eines »Denkens in Konstellationen« am Verhalten der Sprache, an Kontextualität und Zeitindexikalität orientiert. Das »Denken in Konstellationen« ist ein Verfahren, die Anmaßung der Begriffe zu berichtigen oder zu korrigieren, zumindest insoweit, als der Begriff definitiv zu sagen vorgibt, was ein Ding oder eine Sache ist – obwohl jeder weiß, daß Begriff und Sache sich selten decken. Wittgenstein, indem er darauf aufmerksam macht, daß Begriffe und sprachliche Wendungen weniger in Identitätsrelationen als in Verwandtschaftsverhältnissen, eben den ›Familienähnlichkeiten‹, fundiert sind. Beide Autoren argumentieren, wenngleich im Kontext unterschiedlicher Philosophietraditionen, dafür, daß Begriff und Sache nicht ineinander aufgehen. Diese Übereinstimmung der Intention scheint nicht zufällig zu sein, sondern dem Zerren und Rütteln am Gitterwerk der ontologischen Metaphysik selbst zu entspringen, das in der Zeit liegt.

Mit dem Fingerzeig auf die unterschwellige Verwandtschaft der philosophischen Motive in beider Denken kann aber die Diskussion nicht ihr Bewenden haben. Nimmt man nämlich die These von der Ersetzung der Identität durch Ähnlichkeit beim Wort, so besteht die überaus große Gefahr, in des Teufels Küche zu geraten. Der Ähnlichkeiten gibt es viele: treffende so gut wie abwegige; sie alle können, durchaus produktiv, diesem oder jenem menschlichen Individuum in den Sinn kommen. Sollte aus diesem Grunde aber die beliebige Herstellung von Anschlüssen das letzte Wort sein? Wo doch jeder sieht, daß nur bestimmte Analogien als produktiv, als intelligent und interessant betrachtet werden! Kurz, wer legt der Einbildungskraft die Kette an? Wer oder was vermittelt und herrscht dem Spiel der Ähnlichkeiten die Regelmäßigkeit auf, auf der alles Erkennen und Handeln, jede soziale Ordnung beruht?

Anschlüsse im Modus der Ähnlichkeit herzustellen, ist Sache der Kunst und der Dichtung; in diesem Rahmen der öffentlich approbierten Erschließung fiktiver Welten und der kreativen Umstellung auf andere Perspektiven hat die Kunst ein legitimes Recht, sich zu entfalten. Im anderen Fall, fällt die ästhetische Umfriedung hinweg, entbirgt sie beträchtliche Lebensrisiken; dann nämlich sind die unvermittelten oder konsensentbundenen Anschlüsse nach dem Ähnlichkeitsgebot das Werk von Außenseitern und Irren. Für sie zeichnet die Psychiatrie verantwortlich. Also nochmals: Wodurch wird das bewegliche und schöpferische Spiel mit den Analogiebeziehungen in die Gleise der sozialen Ordnung gebracht? Wer oder was steuert eigentlich die Anschlußsuche der Symbole und Zeichen? Wer oder was läßt aus Foucaults »eindringlichem Gemurmel der Ähnlichkeit« die Sprachfiguren entstehen, durch die sich die relative Übereinstimmung zwischen den Sprechern und Sprachspielen, den Sendern und Adressaten, wie sie der Tendenz nach allerorten beobachtet werden kann, ergibt? Wie funktioniert die Anschlußsuche in der historischen Situation, in der, gemäß der Analyse, mit dem Primat der Vernunft gebrochen wird und keine in die Köpfe der Menschen imaginierte göttliche Struktur oder universelle Logik Verständnis und Synthese gewährleistet?

Die Antwort der Rhetorik ist seit langem bekannt und lautet: Es ist der sensus communis, der Gemeinsinn, das gemeinsame Logos-Bewußtsein der Menschen, welches die Bestandsmöglichkeit öffentlicher Praxis garantiert. Der Rückbezug auf gemeinsame Traditionen und Wertvorstellungen ist die meist unthematische

Grundlage unserer Urteile und Meinungen. Das gemeinsame Ethosbewußtsein der Gesellschaft wird als unausdrücklicher oder uns selbstverständlicher Hintergrund vorgestellt, welcher die Orientierungsbedürfnisse befriedigt und die divergierenden politischen Interessen zusammenschließt. Das heißt, der Charakter des Wahren ist ein öffentlicher, beglaubigt durch gemeinsam geteilte Evidenzen der Lebenswelt oder, wo diese in ihrer Orientierungsfunktion versagen, durch eine Rückkoppelungsdynamik gesichert, die über öffentliche Verfahren der Reflexion und Diskussion zu einer Wiederherstellung unproblematischer Basisüberzeugungen führt.

Mit der Annahme eines gemeinsamen Logos-Bewußtseins oder der Vorstellung eines Lebens aus dem öffentlich verbürgten Ethos der Wahrheit wird der – nach wie vor – wunde Punkt aller Rhetorikauffassungen getroffen. Die Schwierigkeiten, die sich aus jener Unterstellung ergeben, belegen überdies die innere Verwandtschaft der Hermeneutik/Rhetorik auf der einen und der analytischen Philosophie im Ausgang von Wittgensteins Sprachspielkonzeption auf der anderen Seite.

Problematisch ist die Antwort der Rhetorik, weil sich in ihr der Ort nicht mehr angeben oder bestimmen läßt, von dem aus das Logos-Bewußtsein der Gemeinschaft legitimerweise in Frage gestellt werden könnte. Wenn das Ins-Werk-setzen der Wahrheit sich zuletzt über das jeweils herrschende Ethos der Gemeinschaft definiert, dann steht jede Kritik, die das Ethos selbst radikal in Frage stellt, in Gefahr, als irrsinnig, krank oder verrückt stigmatisiert, verfolgt und ausgegrenzt zu werden. Im Umkreis der Wittgenstein-Interpretation lautet die analog dazu entwickelte Frage: Kann die Mehrheit der Sprecher einer bestimmten Sprache sich im Irrtum befinden? Ist etwas wahr, weil es Mehrheitsmeinung ist? Was Wittgenstein auf das einzelne Sprachspiel bezieht, verallgemeinert die rhetorische Tradition im Begriff eines auf das Ganze der Gesellschaft bezogenen Allgemeinbewußtseins. Kurz: Wenn die Wahrheitsfrage stets durch den Selbstbezug der Lebensform auf sich selber beantwortet wird – wahr ist, was im Rahmen der bestimmten Lebensform als wahr praktiziert wird –, dann wird die jeweils durch gemeinsame Ethos fundierte Vernunft für sakrosankt erklärt. Eben das aber zeigt die harmlose bis affirmative Seite der Rhetorik. So betrachtet wird die Rhetorik fürwahr zu einer Apologie des Bestehenden und zu einer selbstzufriedenen Praxis, die jeder Gesellschaftskritik und wissenschaftlichen Innovation mit Ablehnung und Feindschaft entgegentritt. Die Frage also ist, so Gianni Vattimo: »In welchem Namen wird sich die Kritik der Meinungen der Mehrheit seitens des Propheten, des Revolutionärs oder auch des innovativen Wissenschaftlers legitimieren?« (Vattimo, *Moderne*, 152).

Ist, wie es in Nietzsches *Morgenröte* heißt, die »schauderhafte Geleitschaft« des Wahnsinns noch immer der Preis des Revolutionärs, »welcher dem neuen Gedanken den Weg bahnt?« (Nietzsche, Bd. 2, 1023).

Grundsätzlicher noch muß man nachfragen, ob es dieses, analog zur antiken Tradition der Polis gedachte ethos der Gemeinschaft überhaupt (noch) gibt? Ob die moderne Gesellschaft noch in der Kontinuität gemeinsam geteilter ethischer Wertvorstellungen stehend begriffen werden kann? Kann man angesichts der Pluralisierung der Lebensformen und Sprachspiele, der Vervielfachung von Öffentlichkeiten, dem Patchwork heterogener (Gruppen-) Identitäten und der verstärkten Departementalisierung der gesellschaftlichen Lebensbereiche noch von einem, das Ganze bestimmenden sensus communis ausgehen? Von einer ethisch fundierten Vernunft, welche die gesellschaftliche Praxis der Menschen trägt? Das erscheint doch stark zweifelhaft.

Rhetorisch widerwillen

»Rhetorisch widerwillen« könnte das Fazit dieser Überlegungen lauten. Nietzsche bekräftigt dieses Urteil, wenn er in seiner Rhetorikvorlesung schreibt: Rhetorik ist »eine Fortbildung der in der Sprache gelegenen Kunstmittel [...]. Es gibt gar keine unrhetorische ›Natürlichkeit‹ der Sprache, an die man appelieren könnte: die Sprache selbst ist das Resultat von lauter rhetorischen Künsten. Die Kraft, welche Aristoteles Rhetorik nennt, an jedem Ding herauszufinden und geltend zu machen, was wirkt und Eindruck macht, ist zugleich das Wesen der Sprache« (Nietzsche, *Rhetorik*, 213f).

Diese Seite stellt die Rhetorik als eine kritische Theorie heraus. Rhetorik ist nicht nur die Kunst der Überredung, sondern auch die Reflexion auf die Kunst, vermittels (philosophischer) Diskurse zu überzeugen. Die Rhetorik erschließt der Philosophie die lange verdrängte Sprachabhängigkeit. Sie ist ein Stück Selbstreflexion philosophischer Diskurse auf prälogischem Terrain: Sie analysiert die Macht der Metaphern und die Denkzwänge der Grammatik; sie sensibilisiert für die sinnlichen Gehalte der Texte; sie dekonstruiert, der Psychoanalyse vergleichbar, die unbewußten Hintergründe der Sprach- und Stilfiguren, die, wie Wittgenstein sagt, stets im Begriff sind, den Verstand zu verhexen. Vor allem aber argumentiert sie gegen das großrationalistische Projekt der ontologischen Metaphysik in Philosophie und Wissenschaft, demzufolge sprachunabhängige Denkformen, tiefsitzende anthropologische Konstanten oder ideale universalsprachliche Regelkompetenzen alle Menschen in eine Art geistiges Universum, in eine gemeinsame »Sprache des Denkens« einbinden, ohne die jeweils aktuelle Rede des einzelnen Sprechers in den Blick nehmen zu müssen. Als Eingedenken des Zusammenhangs von Sprechen und Handeln ist die Rhetorik die permanente Revolte gegen den metaphysischen Vorrang der allgemeinen Denkform oder der Vernunft vor dem besonderen symbolischen Ausdruck des Einzelnen.

In eine unkritische Theorie verwandelt sich die Rhetorik, sobald sie eine Antwort auf die Frage nach dem sein will, was die Gesellschaft im Innersten zusammenhält und den sensus communis zum Maß aller Dinge erhebt.

Es scheint, als bleibe diese Doppeldeutung zuletzt die Antwort schuldig. Was bleibt denn, könnte man fragen, wenn der sensus communis weder als formaler oder transzendentaler Begründungsrahmen noch als empirisch bestimmte Institution tradierter Übereinstimmungen betrachtet wird? Worauf soll denn die Kritik sich stützen, wenn der in das transzendentale Rahmenwerk der Rhetorik idealtypisch eingelassene Universalismus selbst nicht unabhängig von der »konkreten Sittlichkeit« der Gesellschaft zu begreifen ist?

Eine wohlfeile Strategie, sich die mit dem Titel »Rhetorik« aufgebrachten Probleme vom Halse zu halten heißt in den Sozialwissenschaften »Ausdifferenzierung«. Die rhetorisch eingefärbte Alltagssprache wird von den wissenschaftsförmig verfaßten Spezialsprachen der Experten, Forscher und Gutachter abgekoppelt. »Rational« ist das Prädikat für die Wissenschaftssprachen, »rhetorisch« und »metaphorisch« die Kennzeichnung für das umgangssprachliche Verhalten. Die Sprache der Philosophie siedelt irgendwo dazwischen.

Ein anderes Modell wäre: Jede dieser Sprachen (die durchaus im Verhältnis gegenseitiger Unterwanderung stehen) wiederholt in sich den Kampf um eine gültige Unterscheidung von Logik und Rhetorik. Jede dieser mit relativem Eigensinn ausgestatteten Sprachen agiert im Rahmen der lebendigen Verschränkung von Logik und Rhetorik, und steht zugleich unter dem Zwang, sie in eigener Regie zu entflechten. Eben das macht den Gebrauch der Unterscheidung beider Seiten notwendig und sinnvoll, ohne sie zur universell gültigen zu steigern. Das heißt, der Vorschlag bezieht die Unterscheidung auf das, was jeweils im Kontext des Verweisungszusammenhangs den »gesicherten« Stand des Wissens repräsentiert. Diese Operation mit dem »gesicherten Stand des Wissens« macht zwar – mit Verweis auf die Ebenenunterscheidung – das relative Recht ausdifferenzierter (Sprach-)Logiken im Rahmen der Rhetorik plausibel, hat aber mit Schwierigkeiten dort zu kämpfen, wo nach Kriterien für den gesicherten Wissensstand gefragt wird. Wie man sich auch dreht und wendet, die Gesichertheit des Wissens (und damit die Unterscheidung) sieht sich zuletzt auf die Vergewisserung der Zustimmung durch eine Forschergemeinschaft oder eine allgemeine Praxis verwiesen, die auf einen im weitesten Sinne rhetorisch-praktisch fundierten Handlungszusammenhang gemeinsam geteilter Basisüberzeugungen bezogen bleibt. Die Bestimmung, was als logisch gelten soll, erfolgt zuletzt rhetorisch-praktisch. Dieser Rahmen selbst kann nicht bloß ein formaler sein; zu einem rein formalen erklärt, machte er die rhetorische Institutionalisierung der Praxis wieder zunichte; (es müßte zudem gezeigt werden, auf welche Weise es möglich sein könnte, sich der historisch-instituierten Machtverhältnisse auf grundsätzliche Weise zu entwinden). Diesem Grundzug der rhetorischen Fundierung der Praxis bzw. dem historisch kontingenten Bezug auf das Logos-Bewußtsein der Gemeinschaft, war eine Tendenz zur Apologie des Bestehenden bestätigt worden.

Macht man die Gegenrechnung auf und koppelt im Namen einer radikalen Gesellschaftskritik die Theoriebildung von einem wie schwach auch eingeführten Zustimmungskriterium ab und macht die mit der theoretischen oder Beobachterperspektive verbundenen Entlastungs- und Distanzierungsgewinne stark, gerät man wie von selbst in die hochherrschaftliche Situation der Ideologiekritik von einst: es besser zu wissen, als die Betroffenen selbst. Die Zustimmung der anderen wird sekundär, weil sie nicht sehen können, was sie (aus systematischen Gründen) nicht sehen können.

Beide Positionen schließen nicht nur einander aus; beide bleiben in letzter Konsequenz unzulänglich oder aporetisch an sich selbst.

Was bleibt, ist also eine Gratwanderung im Bewußtsein der aporetischen Abgründe philosophischer Konsequenzlogik. Welcher Seite der Theoretiker zuneigt, scheint wesentlich bestimmt zu sein durch die pragmatische Beurteilung der gesellschaftlich-geschichtlichen Situation und also durch das, wovon der Urteilende begründet glaubt, daß es an der Zeit ist.

IV

Die Schönheit des Ausdrucks
und das Erkennen der Sache selbst

Adornos Denken ist zutiefst geprägt durch eine Erfahrung, die sogleich den Charakter einer der Zeitdiagnose annimmt: daß nämlich angesichts der historischen Ausbreitung des Tauschprinzips und dem, durch die Tauschwertrationalität universalisierten Identitätszwang, die »Ausmerzung der Differenz« (Adorno, *Minima Moralia,* 11, Abk. MM) auf dem Programm der Theorien und der Praxis der spätkapitalistischen Industriegesellschaften stehe. Unter dem mächtigen Regime des Positivismus geraten die Unternehmungen von Philosophie und Wissenschaft nicht weniger in den Bann des Identitätsprinzips als die rein auf Selbsterhaltung abgestellten Institutionen zur Reproduktion des Lebens. Dementgegen zielt eine Anstrengung der negativen Dialektik darauf ab, ein Bewußtsein der Differenz offenzuhalten, ein Sensorium dafür zu entwickeln, daß das, was ist, nicht alles ist. Den unverzichtbaren Gehalt der Metaphysik, zu deren Rettung die negative Dialektik aufruft, hat Adorno programmatisch in der Formel zusammengezogen: »Was ist, ist mehr, als es ist.« (Adorno, *Negative Dialektik,* 162, Abk. ND). Die Dialektik kritisiert die forcierte Parteinahme der Philosophen für die Interpretation von Begriff und Urteil aus dem Geist der Identitätslogik, den (aristotelischen) Anspruch, definitive Übereinstimmung von Begriff und Sache, Denken und Sein herzustellen; sie unternimmt zugleich den Versuch, vermittels einer paradigmatisch veränderten Methode: dem Denken in Konstellationen, ein Arrangement zu schaffen, das es gestattet, das Andere oder Neue, das Verschiedene oder Nichtidentische in den Umkreis einer dafür sensibilisierten Erfahrung eintreten zu lassen.

Diese Anstrengung scheitert gründlich, trägt doch Adorno – nicht weniger vom Willen zur Identität beseelt als seine Vorgänger – seine Einsicht von der Wahrheit der Differenz in das überholte Modell einer wesenslogischen Wahrheitsanalyse von Vernunft und Geschichte ein, das eben identitätslogisch verfaßt, Anspruch erhebt auf die verbindliche Einvernahme der Wahrheit der Differenz. Die Differenz läßt sich nicht (mehr) wesenslogisch denken. Das Herrschaftsmodell wesentlichen Scheins aber trägt das Projekt einer negativen Dialektik.

Diese Behauptung möchte ich in Umrissen belegen. Dabei beschränke ich mich auf eine Auseinandersetzung mit dem, was man mit Adorno die »Rehabilitation des Ausdrucksmoments« nennen könnte.

Der Methode eines ›Denkens in Konstellationen‹, wie sie Adorno unter dem Einfluß W. Benjamins entwickelt, ist das Ausdrucksmoment schlechtweg zentral. In diesem Sinn zitiert Adorno David Hume: »Genauigkeit kommt immer der Schönheit zugute, und richtiges Denken dem zarten Gefühl« (MM, 43). In Rede steht das Verhältnis der Wahrheit zu ihrem sprachlichen Ausdruck.

Um sich der Tragweite der Frage zu vergewissern, muß man sich kurz der Tradition der Philosophie erinnern, die von Plato bis Husserl und darüber hinaus reicht. Für sie blieb die Überlegung Platos bestimmend und folgenreich, die er im 7. Brief andeutet: das Wort verkörpert nur die mangelhafte, zuweilen gar täuschende Repräsentation der reinen Idee. Die sprachlichen Zeichen kommen eher sekundär der wahren Erkenntnis der Ideen hinzu. Wahre Erkenntnis ist ein durch die sprachliche Äußerlichkeit hindurchgreifendes Anwesen der Idealität des Seins. Nicht soviel anders deuten die idealistische und transzendentalphilosophische Tradition die Sprache: sie alle zeigen sich weniger an der faktischen Form sprachlichen Ausdrucksgeschehens interessiert als an der an ihr durchscheinenden Idealität, von der her Sprache, wenn auch nicht entbehrlich, so doch als sekundär betrachtet wird. Zielt nicht das cartesianische Phantasma einer mathesis universalis auf die gleiche Vorstellung ab? Und dient nicht Leibnizens Konzeption eines Sprachdenkens einzig dem Zweck, die Idee zu bezeichnen? Auch Spinozas Idiom, der ordo idearum sei der ordo rerum, spiegelt die idealistische Geringschätzung der Sprache. Für Kant ist die Sprache der transzendentalen Grammatik der Begriffe so äußerlich wie sonst nur das nominalistisch gedeutete Zeichen dem Bezeichneten. Die Sprache hat keinen transzendentalen, sondern bloß einen empirischen Status. Selbst Hegel steht dem Ausdrucksmoment zweideutig gegenüber; einerseits konstitutiv für das Sein des Subjekts in den Formen der Selbstentäußerung die subjektive Gewißheit zur objektiven, das ist intersubjektiven Wahrheitsgewißheit werden zu lassen; andererseits das Verschwinden der Individualität des Sprechenden in der allgemeinen Ordnung der Sprachform. In ihr widerlegen wir uns selbst. Nicht zuletzt hat Husserl den Versuch erneuert, abgelöst vom sprachlichen Ausdruck, sich des identischen Logos eines Ansichs reiner Bedeutung zu vergewissern. Das Wort ist nur die Hülle eines in reiner Identität schon Vorgewußten. Die Reduktion sprachlichen Geschehens auf eine Sprache an sich, auf das Regelwerk der Syntax, dient noch Chomsky dazu, sich nicht mit dem Sprechenden, seinem Ausdruck und seinen Intentionen beschäftigen zu müssen.

Nicht viel anders verhält es sich in der empiristischen Tradition von Demokrit bis zu Pawlows und Skinners Signal-Systemen; auch dort kommt das Wort als Sprach-Zeichen äußerlich der schon fertig dastehenden Sache hinzu, derart, daß, mit verschiedenen sinnlichen Assoziationen oder Vorstellungen verknüpft, es ihr gleichsam wie Etikette angeheftet wird. Im Groben gerechnet, gilt diesem Diskurs die sprachliche Gestalt eher als notwendiges Übel denn als ein der Wahrheit immanentes Moment; eher äußerlich hinzutretend, als zur Sache selbst gehörig. Form und Ausdruck, die sinnlichen Qualitäten der Sprache überhaupt gelten ihm allzusehr mit dem Charakter des Scheinbaren, Zufälligen, Vorübergehenden tingiert, als daß sie nicht am Tor zum einheimischen Reich reiner (logisch-diskursiver) Wahrheit abgewiesen worden wären.

Adorno macht eine Anstrengung, gegen diese weithin maßgebliche Tradition der Philosophie das sprachliche Ausdrucksgeschehen (wieder) stärker zur Geltung zu bringen. Aber seine Anlehnung der Kritik an den sprachlichen Ausdruck bleibt folgenlos –

sowohl hinsichtlich der epistemologischen Konsequenzen, die sich für das Subjekt-Objekt-Modell (bzw. die Vorstellungstheorie) daraus ergeben, als auch im Hinblick auf den philosophischen Diskurs selbst, der sein Modell, wie Adorno fordert, am »Verhalten der Sprache« (ND, 162) haben soll. Adorno erinnert bei der Betrachtung des Ausdrucks, auch in seiner sprachlich verfeinerten Gestalt, an seine Abkunft vom Kreatürlichen; der Ausdruck bleibt, auch wo er auf Begriff, Symbol und Bedeutung abzielt, gebunden an den Stoff, den Laut oder die Materialität des Körpers, dem er sich entringt. »Die Freiheit der Philosophie ist nichts anderes als das Vermögen, ihrer Unfreiheit zum Laut zu verhelfen« (ND 27). Der Ausdruck ist umwillen eines anderen, kein Selbstzweck. Zu Urteil und Begriff steht er im Verhältnis wechselseitiger Voraussetzung: »Ausdruck und Stringenz sind ihr (der Philosophie, G.G.) keine dichotomen Möglichkeiten. Sie bedürfen einander, keines ist ohne das andere. Der Ausdruck wird durchs Denken, an dem er sich abmüht, wie Denken an ihm, seiner Zufälligkeit enthoben. Denken wird erst als Ausgedrücktes, durch sprachliche Darstellung bündig« (ND, 27). Das Ausdrucksmoment verschränkt das je Individuelle mit der aufs Allgemeine abgestellten Sprache. Das Denken entgeht durch die Anbindung an Sprache und Darstellungsform zwar dem intuitionistischen Dunkel bloß innerlicher Wahrheit, bietet gleichwohl, wie Adorno suggeriert, keine differentia specifica, begründete von unbegründeten, fiktive von erfahrungshaltigen Urteilen zu unterscheiden. Die Nötigung zur Darstellung exponiert allein die Möglichkeit zur Prüfung, nicht schon deren Wahrheit.

Zweitens rehabilitiert Adorno das Ausdrucksmoment nur insoweit, als dessen ästhetische (rhetorische) Gestalt die Darstellung der Sache selbst gewährleistet. Insofern ist sie ein Akt der Wiedergutmachung, der durch die Trennung von Logik und Rhetorik, Stringenz und Ausdruck, Philosophie und Kunst aufgebrachten Verdinglichung, die, relativ auf den Stand der Arbeitsteilung, dem Besonderen zurückerstattet, was die gesellschaftliche Ausdifferenzierung des Begriffs im Verlauf des okzidentalen Rationalisierungsprozesses abgeschnitten hat. Die Schönheit des Ausdrucks aber bleibt der Erkenntnis der Sache selbst untergeordnet, wie das irreduzibel individuelle Moment, das am Ausdruck erscheint, nur insoweit ein legitimes Recht erhält, als dadurch die Darstellung der Sache selbst bündig und es selbst als Ausdruck eines Allgemeinen lesbar wird. Der sprachliche Ausdruck, schreibt Adorno, offenbart einen »Bodensatz von Willkür und Relativität, wie in der Wortwahl so in der Darstellung insgesamt« (ND, 60). Die Verschiedenheit gar in der banalen Form der Vielzahl subjektiver Meinungen wird souverän verachtet, wenn es gilt, die Verbindlichkeit des Urteils zu garantieren.

Adorno schreckt davor zurück, sich auf jene, von der Renaissancephilosophie angestoßene und von Vico über Herder und Hamann bis Nietzsche herausgearbeitete Einsicht zu besinnen und das am individuellen Ausdruck zu bezeichnen, was am Sprechen des je Einzelnen das Identitätsdenken in Form eines nicht poetologisch begrenzten Dichtens übersteigt. Die große Philosophie hat, wie angedeutet, diese Tradition weitgehend übergangen und sich für deren Argumente unzugänglich gezeigt; zuletzt ginge wohl auch die Maßlosigkeit des logozentristischen Anspruchs daran zu schanden. Wer indes zur Rehabilitation des Ausdrucksmoments aufruft, kann sich der Auseinandersetzung mit den, von den (kulturellen und individuellen, synchronen und diachronen) Sprachdifferenzen inspirierten Außenseitern der Philosophie nicht entziehen; besonders dann nicht, wenn sie versuchen, die Wirklichkeit der Sprache von Seiten der ästhetischen Erfahrung her aufzuklären. – Dem steht freilich, nicht unbegründet, ein Mißtrauen entgegen, das sich auf die politisch bedenkliche Herkunft jener Diskurse stützen kann, die, weithin rückwärtsgewandt, mancherlei Obskurantismen und Nationalismen das Wort geredet haben (vgl. Berlin, *Wider das Geläufige*).

Adornos Wahrnehmung des Ausdrucks ist blockiert durch die Angst vor dem Relativismus; die negative Dialektik zögert, das Ausdrucksmoment in vollem Umfang in Rechnung zu stellen, weil relativistische Konzepte, historisch betrachtet, in der Tat die direkte Folge der Anbindung des philosophischen Diskurses an die Sprache sind. Die Konzentration auf die Sprachabhängigkeit des Denkens, wie die hermeneutische Reflexion sie anstrengt und sie zur lebensweltlichen Fundierung der Vernunft kommen läßt, birgt per se den Relativismus in sich, gegen den die Kritische Theorie – allerdings um den Preis eines Rückfalls, der dogmatischen Inanspruchnahme des objektiven Ideologiebegriffs der Marxschen Gesellschaftstheorie – sich stark macht.

Bleibt drittens die Aufmerksamkeit darauf zu lenken, daß Adorno, ohne an das altehrwürdige Vorurteil des philosophischen Diskurses zu rühren, die Wahrheit des sprachlichen Ausdrucks den verbindlichen Kriterien von Urteil und Begriff anmißt, um volle Anerkennung nur zu gewähren, wo jener, unter dem Primat des Kognitiven, Gegenstand objektiver Wahrheitsgeltung wird. Wie selbstverständlich endet die Wahrheit des Ausdrucks im (diskursiven) Ausdruck der Wahrheit, gerade so, als sei die auf Erkenntnis der Dinge abgestellte Beziehung oder die Erkenntnis favorisierende Stellung zur Welt, wie die Philosophie sie vornehmlich behauptet, die erste, einzige und wahrste Form gesellschaftlichen In-der-Welt-Seins.

Wiederum scheint Adorno diese Position zu relativieren, wenn er die ästhetische Erfahrung als Korrektiv des identifizierenden Denkens mitbedenkt. Doch diese Gewichts- oder Bedeutungsverschiebung in der Wahrheitsfrage, wie sie die nachhegelsche Moderne in die Wege geleitet hat, bleibt im Blick auf die Wahl der internen Verbindlichkeitskriterien des philosophischen Diskurses zweitrangig. Adorno wagt es nicht, die/den durch die Wesenslogik determinierte/n Grenze/Sinn freizugeben. Der kleine Grenzverkehr zwischen der Rationalität der Begriffe und der Wahrheit des Kunstwerks wird auf traditionelle Weise abgewickelt. (Vgl. ND, 23,24). Jede Seite garantiert der anderen ein unveräußerliches, souveränes Recht – ohne zu fragen, ob im Zeitalter der »Liquidation der Philosophie« (Adorno, *Ges. Schriften*, 1, 331) die Grenzziehung nicht obsolet geworden ist und ob ein ›Denken in Konstellationen‹, beim Wort genommen, jenen Sinn nicht zerstreute oder aufgefordert wäre, ihn in einen neuen umzuschaffen.

Dieser Zusammenhang provoziert eine kritische Anmerkung zu Adornos Vorstellung vom Begriff und dem Zwang zur Identität, der vom Begriff ausgeht.

Die Verzweiflung, die Adorno über die Subsumtionslogik identifizierenden Denkens verbreitet, ist unbegründet, denn sie ist weniger eine Konsequenz, die der Sache selbst entspringt, als eine Interpretation/Extrapolation Adornos; eine, die keineswegs, wie Adorno suggeriert, ihr Modell am »Verhalten der Sprache« hat, sondern der traditionellen Vorstellung verhaftet bleibt: wahre Philosophie sei die synthetische Summe der auf Begriffe abgezogenen objektiven Erkenntnis dessen, was die Welt ist, einschließlich dessen, was durch den Ist-Zustand der spätkapitalistischen Gesellschaft an Gerechtigkeits- und Anerkennungsbedürfnissen verdrängt oder abgeschnitten wird (ein in Begriff und Urteil gesetztes Verfahren zur Erzeugung und Synthesis aller möglichen, das ist allgemeingültigen Erfahrung). Allein unter der klassischen (aristotelischen) Forderung der Philosophie, in der Übereinstimmung/Nichtübereinstimmung von Begriff/Urteil und Sache, Denken und Sein, eine rationale Darstellung dessen, was ist, zu leisten, kann das Verhalten des Begriffs als Defizit gebrandmarkt werden, als er (fundamentalanthropologisch und durch die kapitalistische Moderne vestärkt) das Nichtidentische zum Verschwinden bringt (Selektionszwang), und das, was er bestimmt, dadurch verdinglicht, daß er sagt, worunter etwas fällt, wovon es Exemplar oder Repräsentant ist, was es also nicht selbst ist (vgl. ND, 150) (Subsumtionszwang). Läßt man freilich von der klassischen Forderung ab, so zeigt das Verhalten des Begriffs eine Dialektik von Kosten und Nutzen, wie sie, um es in der Sprache der Vermögenstheorie auszudrücken, auch der Anschauung, der Einbildungskraft, dem Verstand, dem Gedächtnis usf. eigen ist. Jedes Vermögen trägt im Hinblick auf die angestrebte Summe der Erkenntnis einen eigenen, höchst spezifischen Nutzen, der sich, sobald man systemfremde Erwartungen heranträgt, in Kostenanteile verwandelt. Davon macht auch das Verhalten des Begriffs keine Ausnahme. Was der Begriff an Diskursivierungsleistungen, logischem Ordnungssinn und (möglichem) Realitätsbezug der Einbildungskraft voraus hat, büßt er an geheimnisvollem Leben, an Farbe, Pathos und bedeutungsschöpferischer Freiheit ein. Die Tradition der Philosophie, von der Adorno sagt, sie sei die »große« gewesen, hatte dem Begriff mehr an Anspruch aufgeladen, als er überhaupt tragen konnte. Die negative Dialektik hängt nicht weniger dem Traum der Metaphysik nach (Vgl. MM, 333). Dabei hätte Adorno allen Grund, seine Behauptung über den Identitätszwang begrifflich-diskursiver Operationen zu relativieren, wenn nicht gar zurückzuweisen. An einer Stelle in der Negativen Dialektik heißt es: »Nur Begriffe können vollbringen, was der Begriff verhindert (...). Der bestimmbare Fehler aller Begriffe nötigt, andere herbeizuzitieren; darin entspringen jene Konstellationen, an die allein von der Hoffnung des Namens etwas überging« (ND, 60). Hegel hatte auf diesen Umstand, daß das einzelne Urteil ungeschickt ist, die Wahrheit auszudrücken, mit dem Konzept der bestimmten Negation und dessen Resultat, dem System, geantwortet. Das Identitätsbegehren des Begriffs selbst drängt auf ein fortlaufendes Selbstdementi.

Vom Fehler des Begriffs kann nur sprechen, wer mit der Tradition der Philosophie den mächtigen Glauben teilt, der Begriff sei, seinem Wesen nach, auf Identität programmiert und überdies unterstellt, der Begriff könne, auf rein rationale Weise, das, was ist, als objektiv gültige Erkenntnis, zuletzt statisch, im geschlossenen System der bewegten Begriffe repräsentieren. Es ist kein Fehler des Begriffs, den eigenen Anspruch zu dementieren, sondern ein Merkmal seines (ewig) kontextuellen (synpragmatischen) Gebrauchs. Die Probe aufs Exempel ist das Sein der Bedeutung, an dem sogleich offenkundig wird, daß es sich definitorischen oder identitätslogischen Bestimmungen entzieht – ganz unabhängig davon, welcher Bedeutungstheorie man den Vorrang einräumt.

Wer also intendiert, sein Modell für die Praxis der Philosophie am »Verhalten der Sprache« zu nehmen und darauf abhebt, das Ausdrucksmoment zu rehabilitieren, dem wird der Identitätszwang des Begriffs vergleichsweise zweitrangig; wer überdies gewillt ist, dem Handlungsaspekt der Sprache/des Sprechens gebührend Rechnung zu tragen, wie er in der Folge der Sprechakttheorien als bedeutende Dimension der Sprache erkannt wurde, dem wird vollends das durch die Identitätssupposition begründete Urteil über den Begriff unverständlich. Einschränkend muß freilich bemerkt werden, daß letzterer Gesichtspunkt für das Denken Adornos noch keine Rolle gespielt hat.

Bleibt zuletzt das geschichtsphilosophische Implement, das die Diagnose über Begriff und Identitätsdenken mitträgt; sie besagt, grob und verdinglichend gesprochen, daß die Menge des Nichtidentischen im Verlauf der tauschwertrational organisierten Moderne stetig abnehme. Wiederum liegt die Behauptung nahe, daß ebenso das Gegenteil zutrifft, wenn man aufhört, Erfahrung formal nach Maßgabe der identitätslogischen Differenz als Erscheinung eines sich entbergenden Wesens zu deuten und sie material nach dem antinomisch bestimmten Autonomie-Ideal des bürgerlichen Subjekts des 19. Jahrhunderts zu beschreiben. Das Ausmaß an Verschiedenheit und Unbestimmtheit im gesellschaftlichen Umgang mit der Semantik der Zeichen und Regeln, der Dinge und Ereignisse scheint eher zu- als abzunehmen, sobald man aus dem mächtigen Schatten des (an der hierarchisch gestuften Zentralperspektive spekulativer Dialektik orientierten) Paradigmas heraustritt (das nach Maßgabe eines zugrundeliegenden wesentlichen Verhältnisses sich in allen Erscheinungen mehr oder minder verdeckt ausformt) und jene historische Veränderung der Gesellschaft in Richtung funktional ausdifferenzierter Ordnungssysteme begreift, die, über selbstreferentielle Operationen, in relativ offenen oder riskanten Beziehungen, Sinn an Sinn und Differenz an Differenz anschließen müssen, um den Komplexitätszuwachs doppelter Kontingenz, wie ihn die Moderne heraufführt, zu reduzieren.

Zusammengefaßt, die negative Dialektik selbst macht die Ausbildung und Wahrnehmung der Differenz auf doppelte Weise unmöglich; im besonderen dadurch, daß sie die durch den (sprachlichen) Ausdruck provozierte, zum untergeordneten Moment einer in Begriff und Urteil gefaßten wesenslogischen Wahrheit herabwürdigt; im allgemeinen, als sie – vermittlungslos – das Bewußtsein in die schlechte Alternative führt: in die, zwischen dem wahren Bewußtsein der Philosophen und dem unwahren Bewußtsein all derjenigen, die im nahezu mythischen Bann der kapitalistischen Naturbeherrschung gefangen, den gesellschaftlichen Verblendungszusammenhang nicht durchschauen; zwischen dem Grau(en) der verwalteten Welt und dem Standpunkt der »Erlösung« (MM, 333), von dessen extramundanem Ort einige Schimmer eschatologischer Hoffnung auf das unwahre Leben fallen. So aufersteht die Metaphysik aufs Neue und determiniert abermals den Sinn des philosophischen Diskurses durch das, was Nietzsche die unredliche Logik der Wünschbarkeit und des Ideals genannt hat.

V.

Symbole des Ursprungs

Vergegenwärtigt man sich das Interesse, das seit geraumer Zeit am Entwurf eines ganzheitlich-ökologischen Weltbildes besteht, so ist unschwer zu erkennen, wie mit dieser Bedürfnislage ein Bestreben der Remythologisierung und Respiritualisierung der Welt einhergeht. Die Wiederkehr des Magischen scheint unausweichlich; die Reisen ins Innere haben neue Routen der Selbsterfahrung erschlossen; ein der »Synchronizität« vergleichbares Deutungsprinzip akausaler Zusammenhänge erscheint nach der empirischen Bestätigung nonlokaler Effekte in der Quantenphysik so unwahrscheinlich nicht mehr; Hermetik, Astrologie und das »Binde und Löse« der Alchemie sind nicht länger verfemte oder verworfene Traditionen unserer Geistesgeschichte; Geist und Körper scheinen informationstheoretisch nicht mehr um Welten getrennt; an die Stelle der neuzeitlichen Leitvorstellung, den menschlichen Körper in Analogie zur mechanisch arbeitenden Maschine zu betrachten, tritt die Selbstbefragung des »wisdom of the body« mit den je organismuseigenen Biorhythmen, Symbolen und unbewußten Bildern; die Reinkarnation hilft (statistisch nachweisbar) neurotische Symptome aufzulösen und der Blick auf den »nur im Ganzen waltenden Sinn« (C.G. Jung) gibt endlich, im Einklang mit den Mystikern aller Zeiten, zu erkennen, daß Wissenschaft und Glaube, Rationalität und Mythos, der ferne Osten und die westliche Zivilisation versöhnt sind und die Vision der kosmisch organisierten Vernetzung alles Lebendigen nicht den faden Träumen eines Geistersehers entstiegen ist, sondern dem unerbittlich und rastlos forschenden Geist der modernen Welt.

Widerruf der Moderne

In der Psychologie und Weltanschauung C.G. Jungs schießen diese von der normal science eher abschätzig als esoterisch qualifizierten Wissensströme zusammen. Es verwundert daher nicht, allerorten die Bemühungen zu beobachten, sich an dieses Wissen anzuschließen. Gleich einer mächtigen Welle durchlaufen sie die verschiedensten Sektoren des gesellschaftlichen Lebens. Die Jungschen Ansichten haben in die Vorstellungswelt der neuen sozialen Bewegungen ebenso Einlaß gefunden wie in die Theologie oder die weltfrommen Heilsgeschichten der humanistischen Psychologie; Programme für Managertrainings werden mit Selbstverwirklichungs- und Individuationsideen unterfüttert; um die archetypisch-mythische Welt universeller Symbole ergänzt, erstrahlt selbst das linke Leitmotiv gesellschaftlicher Emanzipation im neuen Glanz des Numinosen. Für das Ideenensemble des »New Age« ist Jung, in allem was die psychologische Seite betrifft, ohnehin die Hauptbezugsquelle eines zukünftigen Antimodernismus. Die Zustimmung ist allgemein; sie reicht von G. Bateson über R. Bahro und F. Capra bis J. Drewermann. Was allenfalls stört, ist Jungs frühe, offen antisemitische Anbiederung an den Nationalsozialismus, die diffamierenden Äußerungen über den jüdisch zersetzenden Geist der Psychoanalyse, welcher das Gegenteil darstelle von dem konstruktiven, wie ihn die analytische Psychologie zu sehen lehre.[1] So wichtig es ist, die Verstrickung C.G. Jungs in den Nationalsozialismus im Hinblick auf das Verhältnis von Wissenschaft und Politik zu untersuchen, sie berührt doch nicht eigentlich die Konstella-

---

[1] Die Beschreibung eines »arischen Unbewußten«, das im Unterschied zum »jüdischen« »ein höheres Potential« an Schöpferkraft enthalte, zeigt auf höchst nachdrückliche Weise, wie leicht eine »wissenschaftliche« Theorie, die sich unpolitisch dünkt und sich beharrlich weigert, die politischen und gesellschaftlichen Voraussetzungen der eigenen Theorieproduktion in Rechnung zu stellen, sich in pure Ideologie verwandelt und rassistische oder ethnozentrische Vorurteile willentlich oder unwillentlich in scheinbar wissenschaftlich begründete Kategorien ummünzt.

tion der Motive, die gegenwärtig, im Rahmen einer breiten Öffentlichkeit, das Interesse an seiner Theorie und Praxis auf sich zieht. Entgegen dem überzogenen Versuch, das Werk C.G. Jungs in emanzipatorischer Absicht auszulegen, scheint es angebracht, sich die Motive in Erinnerung zu rufen, die, modernitätsfeindlich, in Richtung Gegenaufklärung verweisen. Die Vermutung ist so abwegig nicht, daß es gerade die weitverzweigten antimodernistischen Unterströmungen der Hochsäkularzivilisation sind, die eine Wiederaufnahme der Theorie des kollektiven Unbewußten oder verwandter Konzepte mitbewegen. Wie keine andere Humanwissenschaft hält das Jungsche Ideengemenge Orientierungsangebote bereit, die gesellschaftlich eingerichteten psychokulturellen Mangellagen auszugleichen, welche die auf instrumentelle Rationalität und emanzipatorischen Fortschritt gestellte Moderne an Symbolschwächen und Transzendenzeinbußen mit sich führt. Nicht der letzte der Gründe für die Zustimmung, die die Jungsche Anthropologie allenthalben erfährt, ist der, daß sie das Versprechen enthält, in eins mit der (natur-) wissenschaftlichen Analyse der psychischen Realität, das sinnentleerte Weltalter hochindustrialisierter Gesellschaften mit lebenssteigernden Symbolsystemen und authentischem Orientierungswissen versorgen zu können. Sie verkörpert in Theorie und therapeutischer Praxis – aber auf gänzlich unbegriffene, dunkle Weise – den Geist der Moderne: *romantisch* in allem, was die private Seite der Existenz betrifft und *instrumentalistisch in* dem auf Effektivität ausgerichteten öffentlichen Leben. Doch sie verkörpert die Moderne in einer Gestalt, die deren Errungenschaften, das sind die (kognitiven) Differenzierungsgewinne von Moral und Wissenschaft, Religion und Psychologie, Mythos und Rationalität usf. reflexionslos preisgibt und damit die Modernität des Zeitalters selber wieder verspielt. Sie mischt das, was das neunzehnte Jahrhundert mit guten Gründen sich angestrengt hatte auseinander zu halten, erneut ineinander: sie zieht die Unterschiede von Wissenschaft und Sinngebung, Mythos und Mythologie wieder ein, ohne den Widerruf der Moderne auch nur mit einem Anflug von Irritation oder zeitgeschichtlicher Reflexion zu begleiten. Die Rücknahme der Differenzierungsfortschritte der Moderne geschieht freilich nicht ohne Grund, aber sie geschieht bar jeden selbstkritischen Bewußtseins. Denn jene euphemistisch als Differenzierung und Funktionalisierung beschriebene gesellschaftliche und kulturelle Evolution, so könnte man Jung rekonstruieren, hat eine Kehrseite; sie geht mit Momenten von Entfremdung und Desorientierung, Natur- und Instinktferne, Zerrissenheit und Dekulturation einher. Sie ist ein und derselbe Prozeß. Was das Jungsche Ideenkonglomerat für jedes aufgeklärte Bewußtsein schier unerträglich macht, ist also weniger die kulturkritische Diagnose, in die Motive einer Dialektik der Aufklärung einfließen, als der positive Entwurf einer Antwort auf diese Problemlage, das heißt der Rückgriff auf Konzepte, die im (mythischen) Andenken des Ursprungs wie in einer moralisch aufgeplusterten Intentionalität des Unbewußten fundiert sind und dabei wissentlich oder unwissentlich unterstellen, die gesellschaftlichen Vermittlungs- und Diffenzierungsprozesse überspringen zu können. Das läßt nicht nur jede Reflexion auf die aporetische Struktur der Begriffe vermissen, sondern, schlimmer noch, vermittels solcherart Übersprunghandlung wird jede Anthropologie und Weltanschauung zwangsläufig reaktionär.

Musealisierung der inneren Natur

Die Aura des Geheimnisses und die Absicht, das Denken und Trachten allein auf das Wesentliche, auf das, was den Menschen im Innersten angeht, zu richten, entsteht insbesondere dadurch, daß sich der Jungsche Diskurs über die unbewußte Seelentätigkeit, bewußt oder unbewußt, den Anschein von Tiefe gibt. Jede Lektüre seiner Schriften stößt auf das Pathos der Tiefe, es trägt die Einsichten über Gott, Mensch, Welt in gleicher Weise. Mitgeteilt wird es über die Hinweise auf die Not und Unzulänglichkeit des sprachlichen Ausdrucks, der selten oder nie an die Tiefe des Erlebens und das Mysterium der menschlichen Existenz heranreiche; aber auch über den zuweilen erhabenen Ton der prophetisch-orakelnden Rede, der bloße Andeutungen genügen (»Der Wink genug, und Winke sind von altersher die Sprache der Götter« F. Hölderlin); vor allem über die statistische Häufigkeit, mit der Jung die Redewendung von den Tiefenkräften oder den Tiefenschichten des Unbewußten verwendet.

Die »Prestigekategorie«, wie Th.W. Adorno diesen Operationsmodus einmal genannt hat, schafft ein Assoziationsumfeld, das kulturkritisch und elitär mit dem Gegensatz von tief und flach operiert und durch seinen Gebrauch ein stark gefühlsmäßig eingefärbtes Vorverständnis entwirft, das im Gegensatz zur bedeutungsschweren Tiefe des eigenen Gegenstandes und einer entsprechenden Wahrnehmungssensibilität, den der anderen, ausgesprochen oder unausgesprochen, als flach bezeichnet und abwertet. Flach ist insbesondere das Denken der Aufklärung und der Intellektuellen; es verbleibt an der Oberfläche und ist habituell unfähig, sich jenen ichtranszendierenden Kräften anzuvertrauen, die aus den Tiefenschichten des Unbewußten ein Wissen schöpfen, das die leeren Syllogismen verständigen Denkens übersteigt. Dem flachen Denken wird das tiefe Gefühl visionärer Ergriffenheit durch das Numinose oder die übergeordnete Ganzheit des Selbst oder Geistes konfrontiert, welches erschreckend und faszinierend zugleich, die transsubjektive Macht besitzt, den selbstherrlichen Illusionismus der Vernunft zu zerstreuen. Begleitet wird dieser klassische Gegensatz von einem latenten Ressentiment gegen Bewußtsein und Intellekt überhaupt.

Einen Unmuteffekt besonderer Art erzeugen die wortspielerischen Intellektuellen, die sich vermittels neurotischer Klügeleien so hartnäckig (dem vermutlich triefenden Moralismus) der Therapie widersetzen. Die Übernahme des Sprachspiels der Tiefe gestattet es unvermittelt, sich in eine elitäre Position zu reflektieren, die es leicht macht, sich von der ahnungslosen Masse derjenigen zu distanzieren, die sich mit dem Schein der Dinge begnügen oder sich von der äußeren Fassade täuschen lassen, anstatt hinter die Kulissen, in das verborgene Räderwerk der unverbrüchlichen Gesetze der psychischen Realität und der mythologischen Symbolik zu schauen. Als Teilnehmer dieses Spiels kann man sich dazugehörig fühlen; man ist gleichsam Geheimnisträger eines schwer auslotbaren Wissens, das zwar nicht positiv, nach Maßgabe wissenschaftlicher Operationalisierungsregeln dingfest gemacht oder willentlich herbeigeführt werden kann, dessen Inanspruchnahme aber wenigstens die Richtung weist, aus der es den Einzelnen ergreift oder die Grundsätze der psychischen Verwandlung (Individuation) entwikkelt werden können. Man weiß sich an ungeheure Kräfte anzuschließen, welche die Macht des Einzelnen weit übersteigen und kann sich dennoch existentiell umgriffen fühlen, sofern man sich unter therapeutischer Leitung der spirituell-symbolischen Führung jener Kräfte anvertraut. Das heißt, der bloße Anschluß an solcherart Anschauungen bietet Gratifikationen, die die Güte der Theorie noch gar nicht berühren.

In diese Praxis, die sich den Anschein von Tiefe und geheimnisumwitterter Symbolik gibt, ist vieles zusammengeflochten; sie kann noch immer auf den dumpfen Affekt gegen die Masse zählen und die geistesaristokratische Geringschätzung für die, die konsumistisch ihrem Lüstchen für den Tag und ihrem Lüstchen für die Nacht frönen, ohne je in die Tiefe der ursprünglichen Realität numinoser Existenzerhellung gestiegen zu sein; ebenso auf die konservative Angst vor dem entropischen Prinzip der Nivellierung und Gleichmacherei (das durchaus unbegründet ist, wie jede Beobachtung homogener Gruppen zeigt) aber auch auf das tönerne Zarathustra-Pathos der Gedanken- und Verantwortungsschwere, das gleichsam in jedem Augenblick das Gefühl vermittelt, das Schicksal der Welt mit in den Händen zu halten; es ist die Geste, mit der man vor noch gar nicht langer Zeit die Gefühle der Kleinbürger bewegte, wie derjenigen, die dem Entwicklungstempo der kapitalistisch verdichteten Zeit, dem rasanten Fortschritt von Ökonomie und Technik nicht gewachsen waren oder nicht Schritt halten wollten. Einem Handeln in weltbürgerlicher Absicht ist das Provinzielle, ja Hinterwäldlerische dieses Kults fremd und schroff entgegengesetzt. Anders als zu Kaisers Zeiten erscheint nach dem zweiten Weltkrieg die klassenspezifische Homogenität des sozialen Typus' aufgebrochen; geblieben ist der struktur- und wertkonservative Affekt gegen den seelenlosen und veränderungsdominierten Rationalismus der Moderne, der mal stärker oder schwächer dazu disponiert, sich zwanglos an die Antimodernismen des Jungschen Diskurses anzukoppeln. Das Statische und Rückwärtsgewandte, das Regressive und Innengeleitete, das dem Kultus der Tiefe eigen ist, ist heute allenthalben, nicht nur in den neuen sozialen Bewegungen präsent. Das vorherrschende Motiv ist die weltanschauliche Haltsuche und der Glaube, der Hektik und gesellschaftlichen

Beschleunigungsrationalität, der wahrhaft revolutionären Dynamik der »Weltzeit« (Blumenberg) dadurch überhoben zu werden, daß man sich erneut, auf dem romantischen Weg nach Innen und der kompensatorischen Selbstübergabe an die »reine, unverfälschte Natur« (GW 2, 52), der naturgewollten Harmonie des Ganzen über den Gegensätzen und Spaltungen versichert. Gegen die Symbol- und Sinnschwäche: die Sehnsucht nach den arché, also dem, was auf Dauer Bestand hat; gegen die funktionale Dissozation und instituierte Zerstückelung der Lebenswelt: das Sinnganze eines zyklisch gerundeten Lebens; gegen die endlos sich verschlingenden Schleifen der gesellschaftlichen Vermittlung von allem und jedem: die Authentizität und Spontaneität ganzheitlicher Selbsterfahrung, die wenigstens tendenziell die Wiedervereinigung von Gefühl und Gedanke herzustellen gestattet; gegen eine anthropozentrisch bestimmte, subjektiven Interessen und wissenschaftlich-analytischen Parametern gehorchende Entmachtung und Beherrschung der Natur: das Leitsystem einer Selbstorganisation der Natur in der Form von unbewußter Naturteleologie und -subjektivität. Mit anderen Worten, den Konservierungsansprüchen an die äußere Natur, wie sie die Öko- und Naturschutzbewegungen ins Auge fassen, entsprechen die Musealisierungswünsche der inneren Natur, wie sie die Archive der archetypischen Bilder und Mythen beschreiben aufs Genaueste. Die Politik der Naturbilder, die ihre Landschaftsvorstellungen der vorindustriellen Epoche entlehnt, folgt demselben gesellschaftlichen Antrieb, der auch den psychologischen Blick sich nach innen, auf den universell gültigen, moralisch orientierenden »Schatz an ewigen Bildern« (GW 2, 81) wenden läßt. Zeitgemäß bei aller Unzeitgemäßheit ist die Lehre von einem kollektiven Unbewußten geradezu prädestiniert, mit ihren prähistorischen Botschaften, Wünsche und Hoffnungen einer postmaterialistisch vergesellschafteten Psyche zu befriedigen; denn zuletzt ist das Jungsche Ideenensemble ein Naturkundemuseum von Traumsymbolen und mythischen Szenarien, von großen Wahrheiten über Tod und Wiedergeburt, Licht und Dunkel, Verschlingung und Zerstückelung, dessen änigmatische Ordnung Wegweisungen enthält, die nur versteht, wer einen symbolkundigen Führer zum Freund hat. Die unbewußte Natur ist ein Subjekt, das zuweilen selber die Initiative ergreift (Jung, *Symbole*, 79); sie stellt ein ›echtes‹ Sinn- und Symbolwissen bereit, auf das man, bei hinreichend gründlicher und sensibler Befragung, zu eigenem Nutz' und Frommen zurückgreifen kann, um sich aus den neurotisch-egoistischen Verstrickungen zu lösen. Kurz: Das naturalistische Mißverständnis der äußeren Natur, dem sich die öffentliche Diskussion um Natur und Umwelt in weiten Teilen verschrieben hat, ergänzt sich aufs Vortefflichste mit dem der inneren Natur, dem die Jungschen Kategorien zur Gänze erliegen.

Nicht darum ist ein Gedanke tief oder verbreitet eine Psychologie Einsichtstiefe, weil sie sich auf Tiefes berufen, einen Weltgrund, eine Wesenheit oder eine Entität hypostasieren; vielmehr bemißt sich die Qualität von Aussagenzusammenhängen daran, ob und in welchem Maße sie sich auf die Realität einlassen und die vermittelnden Beziehungen zwischen dem, der erkennt und dem, was erkannt werden soll, selbstreflexiv ausarbeiten. Tief ist weder per se das Vorrationale noch das Mythische, auch nicht das, was sich nur schwer ausdrücken läßt oder im geheimnisträchtigen Ungefähr verschiedener Aspekte verflimmert, sondern, mit Hegel gesprochen, die Arbeit des Begriffs, die eine Totalität widersprechender Bestimmungen erinnert und aufeinander bezieht. Das macht deutlich, daß Ganzheit und Dialektik wenig miteinander gemein haben. Denn Vermittlung ist in allen Aspekten der genaue Gegenbegriff zur Ganzheit. Dialektik beruht auf der Exoterik der begrifflichen Entfaltung sich widersprechender Urteilsprädikate, Ganzheit auf der Esoterik der intuitiven Schau des inneren Zusammenhangs von Gegensätzen. Der Sinn des Ganzen geht dem Intuitionisten mächtig auf. Ganzheit ist der Plötzlichkeit der Wahrnehmung von etwas oder dem gestaltbestimmten Bilderfassen angelehnt, Dialektik der begrifflich diskursiven Analyse, das heißt, dem sprachlichen Ausdruck. Ganzheit ist Zurüstung durch Evidenzbehauptungen, Dialektik Abrüstung oder Zurücknahme der Evidenz in den Beweisgang schrittweise dialogischer Begründung. Diese bindet sich an die intersubjektive Struktur demokratischer Einstellungen, jene an den Elitismus eines (nicht nur geistigen) Führerprinzips und an das solipsistische Monopol von Erleuchtung, Ergriffenheit und nichtdiskursiver Vision.[2]

An diesem Unterschied lassen sich einige bedeutsame Momente gnostisch-hermetischen Denkens ablesen. Gestützt auf den Glauben, daß es nicht nötig ist Dialoge zu führen oder zu argumentieren, braucht man nur zu warten, bis sich die lebensbestimmenden Symbole aus dem dunklen Wahrheitshintergrund lösen und sich das Unbewußte zu archetypischen Führergestalten verdichtet, die Initiative ergreift und zu uns spricht. Das ist der mirakulöse Augenblick der Offenbarung (und der Initiation), in dem das Licht der göttlichen oder kosmischen Weisheit blitzartig hereinbricht, ohne dem Prinzip der Dunkelheit ganz entrinnen zu können. Was U. Eco treffend über die Einstellung des Gnostikers zur (äußeren) Welt schreibt, gilt gleicherweise für C.G. Jung. Der Gnostiker fühlt sich »in die Welt geworfen und muß sehen, wie er ihr entkommt. Existieren ist ein Übel. Aber man weiß ja, um so frustrierter sich einer fühlt, desto mehr wird er von einem Omnipotenzwahn und von Rachegelüsten erfaßt. So kommt es, daß der Gnostiker sich als einen Funken der Gottheit erkennt, der sich vorübergehend, infolge eines kosmischen Komplotts (oder auch eines zivilisatorischen, wie im Fall C.G. Jungs) im Exil befindet. Wenn es ihm gelingt, zu Gott zurückzukehren, dann vereint sich der Mensch nicht nur wieder mit seinem Prinzip und Ursprung, sondern trägt auch dazu bei, diesen Ursprung zu generieren, ihn aus der Ur-Verirrung zu befreien. Obwohl Gefangener einer kranken Welt, fühlt sich der Mensch von einer übermenschlichen Macht durchdrungen« (Eco, *Irrationale*, 530).

---

2 »Wie es aber eine leere Breite gibt, so auch eine leere Tiefe; eine Extension der Substanz, die sich in endliche Mannigfaltigkeit ergießt, ohne Kraft sie zusammenzuhalten, so eine gehaltlose Intensität, welche als lautere Kraft ohne Ausbreitung sich haltend, dasselbe ist, was die Oberflächlichkeit. Die Kraft des Geistes ist nur so groß, als ihre Aeußerung, seine Tiefe nur so tief, als er in seiner Auslegung sich auszubreiten und sich zu verlieren getraut« (G.W.F. Hegel, *Phänomenologie*, 17).

Wahrheit des Numiosen

Das Verbundsystem der Jungschen Ideen wird beherrscht von dem metaphysischen Phantasma einer verlorengegangenen ursprünglichen Einheit und Ganzheit; ihre annäherungsweise Wiederherstellung oder die Wiederentdeckung eines ursprünglichen Selbst über die Deutung des Sinns von Träumen, Symbolen, Mythen und archetypischen Szenen ist das Ziel der analytischen Rekonstruktion. Auf diesen Ursprungsmythos stützt sich das Pathos der Tiefe. Die Entfernung vom imaginierten Ursprung des überindividuellen Selbst ist das Maß, über das die Entfremdung der modernen Welt begriffen wird. Das belegen die Kulturkritik und die Archetypenlehre gleichermaßen. Die Einsicht in die Ursprungsferne ist zugleich verknüpft mit Einlassungen über den richtigen Phasenverlauf eines gelungenen Lebens.

Der moderne Rationalismus hat die Fähigkeiten der Menschen zerstört, auf numinose Symbole und Ideen zu reagieren; entsprechend ist den Menschen nichts mehr heilig. Vergleichbar den Dekulturationsprozessen archaischer Gesellschaften, die der Berührung mit den hochzivilisierten ausgesetzt sind, ist die Erosion der moralischen und geistig-seelischen Traditionen der Industriegesellschaften. Globale Desorientierung ist die Folge. »In früheren Zeiten, als instinktive Vorstellungen im Geist des Menschen auftauchten, konnte sein Bewußtsein diese in ein zusammenhängendes psychisches Muster integrieren. Aber der ›zivilisierte‹ Mensch kann das nicht mehr. Sein ›fortschrittliches‹ Bewußtsein, hat sich selbst aller Mittel beraubt, durch welche die hilfreichen Beiträge der Instinkte und des Unbewußten assimiliert werden können. Organe der Assimilation waren jene numinosen Symbole, die allgemein heilig gehalten wurden« (*Symbole*, 94). Zwar hat unser wissenschaftliches Verständnis der Welt zugenommen, aber unsere Welt ist über diesen Rationalisierungsprozeß »entmenschlicht« worden. »Der Mensch fühlt sich im Kosmos isoliert, weil er nicht mehr mit der Natur verbunden ist und seine emotionale ›unbewußte Identität‹ mit natürlichen Erscheinungen verloren hat. Diese haben allmählich ihren symbolischen Gehalt eingebüßt. Der Donner ist nicht mehr die Stimme Gottes und der Blitz nicht mehr sein strafendes Wurfgeschoß«. Über die wissenschaftliche Entmythologisierung der Natur ist unser Kontakt mit den Steinen, Pflanzen und Tieren, die Erfahrung der Einheit alles Lebendigen verlorengegangen und »damit auch die starke emotionale Energie, die diese symbolische Verbindung bewirkt hatte. Dieser enorme Verlust wird durch die Symbole unserer Träume wieder ausgeglichen. Sie bringen unsere ursprüngliche Natur ans Licht – ihre Instinkte und eigenartigen Denkweisen. Leider drücken sie jedoch ihre Inhalte in der Sprache der Natur aus, die uns fremd und unverständlich ist. Daher müssen wir diese Sprache in die rationalen Worte und Begriffe unserer modernen Redeweise übersetzen« (*Symbole,* 95). Genauer wird die Bedeutung der Träume folgendermaßen bestimmt: »Die symbolbildende Funktion unserer Träume ist ein Versuch, den ursprünglichen Geist des Menschen in das ›fortschrittliche‹, differenzierte Bewußtsein zu bringen, wo er nie vorher war, weshalb er auch nie einer kritischen Selbstbetrachtung unterworfen werden konnte. Denn in längst vergangenen Zeiten bestand die ganze menschliche Persönlichkeit aus diesem ursprünglichen Geist. Als sich das Bewußtsein entwickelte, verlor der unbewußte Geist den Kontakt zu einem Teil dieser primitiven psychischen Energie« (*Symbole,* 98). Die Deutung des Sinns von Traumsymbolen und mythischen Szenen, über die sich die Natur einen unverfälschten Ausdruck verschafft, verhilft den Menschen dazu, sich an diesen ursprünglichen Geist wieder anzuschließen.

Das Argumentationsschema ist, wie gezeigt, stets das Nämliche: Der seelenlose Rationalismus der Industriezivilisation hat uns von den Ursprüngen eines lebendigen Austausches mit der wahren Geistnatur abgeschnitten. Im Gegenzug dazu bietet der Rekurs auf das hieroglyphengleiche Ursprungswissen in Gestalt der gesunden Instinkte, der natürlichen Symbole, der archetypischen Bilder, der mythischen Erzählungskerne und der kompensatorischen Träume ein Kommunikationsmedium, das es gestattet, den abgerissenen Dialog mit der latent anwesenden Ursprungsnatur wiederaufzunehmen, um mit Hilfe von Rückübersetzungen in die Sprache des Bewußtseins die Intentionen des unbewußt symbolischen Ausdrucks zu entschlüsseln. Was den Mitgliedern archaischer Kulturen noch ein natürlich-orientierendes Wissen über den inneren Zusammenhang der Dinge war, müssen wir erst wieder vermittels *aser nicht emotional.*

Symbol- und Mythendeutung mühsam erlernen. Ursprungsfern haben wir keine Chance, die Bedrohungen, die weltgeschichtliche Ausmaße haben, abzuwenden. Denn die Hochgefahrenlagen, die das Schicksal der Menschen herausfordern, liegen weniger in äußeren, technischen oder gesellschaftlichen Ursachenzusammenhängen, als in der habituellen zivilisatorischen Unfähigkeit, mit den verborgenen Tiefenkräften der Kollektivseele konstruktiv zu kommunizieren. Die Wiederaneignung der Symbole der Hochreligionen oder der Rückgriff auf solche anderer Kulturkreise, wo die eigenen die Kraft des Geheimnisses und des Mythos' verloren haben, ist lebenswichtig, denn »die Symbole sind natürliche Versuche, Gegensätze innerhalb der Psyche miteinander zu versöhnen« *(Symbole, 99)*. Im Augenblick, so Jung weiter, besitzen weder die Weltreligionen, noch die philosophischen Systeme, noch die Strategien der naturbeherrschenden Vernunft von Wissenschaft und Technik die Kraft, die Menschen mit mächtigen lebensspendenden Ideen und Symbolen zu versorgen, die ihnen die Sicherheit gewähren könnten, die sie angesichts der Weltlage dringend benötigen. Den Ausweg weist allein die Aufmerksamkeit auf das eigene Unbewußte. »Der bewußte Verstand kann in dieser Hinsicht kaum etwas Nützliches leisten«. Die Regierung der Welt durch die »Göttin Vernunft« ist »unsere größte und tragischste Illusion« *(Symbole, 101)*. Einzig im (unbewußten) Ursprung ist Heil. Denn das Andenken der Essenz macht die Existenz durchlässig für eine wie auch immer verschüttgegangene Erfahrung, welche allein dazu taugt, die Menschen vor dem dräuenden Unheil eines zivilisatorisch instituierten Überhangs an Katastrophenbeständen zu schützen.

Die Weisheitslehren, die Rettung versprechen, müssen uralt sein und die Symbole von weit herkommen; sie müssen einfach sein und der Phantasie, die sich daran entzündet, genügend Spielraum gewähren. Das Wesentliche gibt es ohnehin nur als geheimnisvolle Botschaft.[3] Wahr ist nur, was nicht gesagt, dunkel angedeutet oder

---

[3] »Das Geheimnis« schreibt G. Simmel »gibt der Persönlichkeit eine Ausnahmestellung, es wirkt als ein rein sozialer Reiz, prinzipiell unabhängig von dem Inhalt, den es hütet, aber natürlich in dem Maße steigend, in dem das ausschließlich besessene Geheimnis bedeutsam und umfas-

symbolisch ausgedrückt werden kann. Ist die Weisheit auch ein Geheimnis, so leben wir doch seinsvergessen in ihrer Nähe und Präsenz. Zeit und Geschichte sind Jung (wie der Gnosis) unheilträchtige Verwerfungen. Das In-der-Außenwelt-Sein ist ein Im-Exil-Sein. Wie die Gnosis wartet Jung auf das finale Ereignis: Umbruch der Welt zum Besseren oder thermonuklearer (ökologischer . . .) Holocaust.

Mythen, mythologisch verstanden

Wie angedeutet, sind insondere die Träume geeignet, den Menschen Halt und Orientierung zu verschaffen. Wenn allerdings, wie behauptet (*Symbole*, 52), die Träume der Natur des delphischen Orakels ähnlich sind, dann trügt die Hoffnung, mit der Traumanalyse ein probates Medium zu besitzen, das bei der Entschlüsselung des Unbewußten große Hilfe zu leisten vermöchte. Denn dann hängt, wenn nicht gleich alles, so doch das Entscheidende an der Moral und Intelligenz der Deutung. Diese Einsicht verweist geradewegs auf einige grundsätzliche Unzulänglichkeiten des Ursprungsdenkens.

Jeder Versuch, den unverborgenen Naturgrund psychischer Prozesse vermittels eines universellen Komparatismus von Mythen und Symbolen erreichen zu können, ist durch die Unabweislichkeit von Bewußtsein und Reflexion, Zeitbedingtheit und Kontextualität zum Scheitern verurteilt. Auch die Wahrnehmung des unbewußt Anderen in mythischen Szenen und Traumfragmenten, in Bild und Analogie ist erfahrungsbedingt bezogen auf die Kategorien des Bewußtseins und – weitergehend – durchherrscht von dem kulturell und sprachlich gebahnten (kontigenten) Ausdruck, der

send ist [...]. Aus diesem Geheimnis, das alles Tiefe und Bedeutende beschattet, wächst die typische Irrung: alles Geheimnisvolle ist etwas Wesentliches und Bedeutsames. Der natürliche Idealisierungstrieb und die natürliche Furchtsamkeit wirken dem Unbekannten gegenüber zu dem gleichen Ziele, es durch die Phantasie zu steigern und ihm eine Aufmerksamkeit zuzuwenden, die die offenbare Wirklichkeit meistens nicht gewonnen hätte« (G. Simmel, *Das Geheimnis*, 274).

von Anbeginn an in die Erfahrung des unbewußten X eingefärbt ist und kaum von der Konstitution der Sache abgezogen werden kann – es sei denn kraft einer unbewußten, moralisch oder ästhetisch gesteuerten Operation, die wiederum das Erreichen des Ziels, das Unvermittelt-Wahre zur Chimäre macht. – Das Unbewußte widerstrebt, auch Jung zufolge, der Bewußtwerdung; allein seine Übersetzung ins Bewußtsein macht es zum Gegenstand der Erfahrung und dem der wissenschaftlichen Analyse, das heißt, zu einer Bewußtseinstheorie unbewußter Seelentätigkeit. Erst im Kontext der Kommunikation mit dem historischen Apriori einer gesellschaftlich bestimmten Vernunft, der Auseinandersetzung mit dem zeitgeschichtlichen Horizont der Erfahrungsbildung, wird das Unbewußte zum Sprechen gebracht, als Gegenstand konstruiert und in Form einer anthropologisch tiefsitzenden Konstante entworfen. Nirgends entgeht die Erfindung des Unbewußten der Berührung mit der geschichtlichen Zeit.

Vergessen wird in der Jungschen Konstruktion des Unbewußten nicht nur der Weg auf dem die ursprüngliche Weisheit gefunden wurde (wird), die Erinnerungen also an den wissenschaftlich-methodisch oder individualpsychologisch organisierten Herstellungsprozeß einer vergleichenden Mythen-, Symbol- und Traumforschung, an das abstrahierende Isolieren und Ausfällen der Motive; vielmehr auch, daß kein auf empirischen Wege ermitteltes Wissen jemals genügt, den zureichenden Grund für das metaphysische Ursprungsschema und das in es eingelassene Prinzip des unbewegten Bewegers bereitzustellen.

So setzt zum Beispiel die Verknüpfung eines tradierten griechischen Mythos' mit mythischen Bildern aus unserer Zeit eine Abstraktion voraus, die beides auf ein gemeinsames Schema bezieht. »Man muß nur von der Umweltbedingtheit der Traumsymbole absehen(!) und beispielsweise statt Aeroplan Adler, statt Auto und Lokomotive Ungetüme, statt Injektion Schlangenbiß usw. setzen, um zu der allgemeineren und fundamentaleren mythologischen Sprache zu gelangen« (GW 11, 315). Einmal von der dubiosen Annahme abgesehen, daß die mythologische Sprache die fundamentalere sei, ist die Verknüpfung, sofern es keinen verbindlichen Regelkanon dafür gibt, notwendig von subjektiv eingefärbten

Selektionen und Intuitionen begleitet, die aus dem dichten und keinesfalls eindeutigen Beziehungsnetz mythischer Bedeutungen und Anspielungen je nach kulturellen Wertschätzungssystemen und gesellschaftlichen Interessenlagen Motive, Symbole und religiöse Geschichten isoliert, um sie erneut vermittels eines Begriffsschemas zusammenzusetzen, so daß am Ende dieses teils methodisch, teils intuitiv angestrengten Abstraktionsprozesses allenfalls einige induktiv erschlossene Konstrukte erstehen mögen, die hypothetisch und nicht naturnotwendig, partikular, nicht universell, subjektiv, nicht objektiv, akzidentell, nicht substantiell, also im besten Fall eine Heuristik für die in zahlreichen Transformationen erzählten Geschichten darstellen, aber keinesfalls Ursprungssage sind. Unterschlagen wird überdies die verwirrende Rezeptionsgeschichte der Mythen, die gleich einer Patina, Deutung über Deutung auf die mythischen Szenen und Figuren gelegt hat und wo in nicht wenigen Fällen nicht mehr entschieden werden kann, welches der mythische Kern, welches bloße Abwandlungen sind.[4] Die Leitvorstellung, der C.G. Jung letztlich folgt, ist »eine Art überdimensionales Wörterbuch aller Symbole aus allen möglichen Über-

---

[4] In einer Parabel F. Kafkas wird der Prometheus-Mythos auf folgende Weise erzählt:

»Von Prometheus berichten vier Sagen: Nach der ersten wurde er, weil er die Götter an die Menschen verraten hatte, am Kaukasus festgeschmiedet, und die Götter schickten Adler, die von seiner immer wachsenden Leber fraßen.

Nach der zweiten drückte sich Prometheus im Schmerz vor den zuhackenden Schnäbeln immer tiefer in den Felsen, bis er mit ihm eins wurde.

Nach der dritten wurde in den Jahrtausenden sein Verrat vergessen, die Götter vergaßen, die Adler, er selbst. Nach der vierten wurde man des grundlos Gewordenen müde. Die Götter wurden müde, die Adler wurden müde, die Wunde schloß sich müde.

Blieb das unerklärliche Felsengebirge. – Die Sage versucht das Unerklärliche zu erklären. Da sie aus einem Wahrheitsgrund kommt, muß sie wieder im Unerklärlichen enden« (F. Kafka, *Hochzeitsvorbereitungen*, 74).

lieferungen« (Bourdieu, *Sozialer Sinn,* 13) zu erstellen und die Symbole auf Grund ihrer universellen Verbreitung und zeitlosen Konstanz als »Wesenheiten« zu konzeptualisieren. Dabei wird unterstellt, sie könnten kultur- und kontextunabhängig, an und für sich selbst als Grundbausteine eines kollektiven Menschheitssubjekts definiert werden, also ohne Bezug auf die Systeme von Relationen und Zeichen, in deren Netzen ihr Realitätsgehalt allererst erscheint. An keiner Stelle wird die Arbeit wissenschaftlicher Abstraktionen, welche der Hypostase archetypischer Wesenheiten vorausgeht, in das Resultat, die Archive der urgeschichtlichen mythologischen Symbolik eingerechnet; sie ließen sie als hochvermittelt, als Produkt von Abstraktion und Reflexion, von Geist und Moral erscheinen und nicht als unmittelbare Gewißheit einer gleichsam stillgestellten und ausgebreiteten natura naturans. Ohne Rücksicht auf die Besonderheiten jeder Kultur wird nicht nur im Durchgriff auf die Mythenkerne der metaphysische Anspruch erhoben, das Wesen des Menschen über ein urtümliches Bildererleben definieren zu können, sondern zugleich der frühe, koloniale Geist der Ethnologie in das Absolute hineingetragen. »Derart losgelöst, können sich diese Themen nicht mehr gegen die Rekontextualisierung wehren, die begnadete Interpreten an ihnen vornehmen, wenn sie, die ›geistige Erneuerung‹ durch Rückbesinnung auf die gemeinsamen Quellen der großen Überlieferungen predigend, in der Religionsgeschichte oder in der Ethnologie der archaischen Gesellschaften das Fundament für eine durch Wiedervergeistigung der entgeistigenden Wissenschaft zu erreichende gelehrte Religiosität und Erbauungswissenschaft suchen« *(Bourdieu,* 14). Jung fährt fort im Stile aller eingeborenen Mythologen den Umgang mit den Mythen mythologisch zu gestalten. Der vergleichenden Mythenforschung wird die zweifelhafte Aufgabe unterschoben, in der Suche nach den invarianten Motiven der überlieferten Erzählungen und Bilder die symbolisch-mythischen Wahrheitskerne herauszuschälen, welche dann, mit den Bildern, die dem (kollektiven) Unbewußten des Einzelnen entsteigen, in Beziehung gesetzt, dem Einzelnen – bei einer entsprechend gläubigen Disposition – eine persönliche Teilhabe an den innersten Geheimnissen der Welt gewähren. Was bedeutet, die Theorie kumuliert den Prestigegewinn, den das Wissenschaftshandeln abwirft mit dem anderen, gegenwärtig hochbegehrten Gut, das auf das Authentizität und Spiritualität verbürgende eigene Erleben abzielt. Die – wenngleich fiktive – Projektion einer ursprungsseligen Ganzheit suggeriert, die Entfremdung aufheben zu können, die in großen Teilen einer funktional fragmentierten Gesellschaft Kopf und Herz, Analogie und Kausalität, Selbstverwirklichung und Rollendiktat, Selbstbild und Fremderwartung unversöhnt gegeneinander stellt. Das Medium dieser gläubigen Aufhebung der Gegensätze ist aber weniger eine begrifflich nachvollziehbare Synthese als ein System (postmoderner) Anmutungen, in welchem weiche Religiosität und technokratisches Selbstmanagement ungeniert und ohne Wahrnehmung der Widersprüche zusammenstehen. Dieses in sich widerspruchsvolle Milieu zeichnet den Jungschen Diskurs so gut wie alle humanistischen Psychologien aus.

Die Kritik an Wissenschaft und Vernunft, Bewußtseins- und Subjektphilosophie aus dem Geiste Jungs und der Gezeitenwende, wie sie gegenwärtig Konjunktur hat, sollte also nicht mit derjenigen verwechselt werden, die, der unüberbrückbaren Kluft von Sinnlichkeit und Begriff eingedenk und aller Identitätslogik nach Art der Archetypenlehre abhold, eine Selbstkritik der (neuzeitlich-aporetischen) Vernunft in Erwägung zieht, ohne der trügerischen Hoffnung nachzugeben, durch einen intuitionistischen Sprung auf das Gelände mythischer Bilder, einen Heilsweg aufzuzeigen, der den Menschen verbindliche Handlungsorientierungen und numinos befriedigende Sinnangebote aus der Anlage einer auf ein ganzheitliches Selbst verweisenden inneren Natur verschafft. Nicht die Skepsis gegenüber der Hypertrophie von Vernunft und Wissenschaft, Subjekt und Bewußtsein ist verwerflich, sondern der gläubige Anspruch – in einer Art Übersprunghandlung – sich der Erfahrung des Anderen der Vernunft (Mythos, Traum und mystische Vision) abstrakt versichern zu können und jenen vermeintlich dem Ursprung abgetrotzten Intuitionen das Vorrangsrecht einer höheren, weil ratiounvermittelten Wahrheit einzuräumen. Die reine Unmittelbarkeit ist sowenig unmittelbar wie die Intuition frei von den Zwängen der Sprache und des Denkens. Überdies fehlt der Grund, der die ursprüngliche Erfahrung als das Wahrere gegenüber dem Abgeleiteten und Gewordenen ausweisen könnte; es sei denn, man teilte das altehrwürdige Vorurteil der Metaphysik, daß das, was dauert und der Zeit enthoben scheint (ist), wahrer ist als das, was sich wandelt.

Emanzipatorische Deutung des Mythos

Einer der Gründe für das mangelnde Bewußtsein gesellschaftlicher Vermittlung, das die Jungsche Theorie auszeichnet, liegt im Ausschluß der Dialektik. Denn Dialektik ist, wie angedeutet, Vermittlungsdenken. Diesen grundlegenden Unterschied verkennt T. Evers in seinem Buch *Mythos und Emanzipation* formal wie inhaltlich ein ums andere Mal, wenn er, aller begründeten Vorbehalte zum Trotz, sich entschieden für eine Jung-Lektüre in emanzipatorischer Absicht einsetzt.Gegenüber der Mythenferne, den Sinnlichkeits- und Symboldefiziten der kritisch-rationalistischen Theorien von Marx und Freud bis Adorno, so Evers, lege die Psychologie C.G. Jungs ein Welt- und Menschenverständnis nahe, das nicht nur umfassender und utopieträchtiger sei als jenes, sondern darüber hinaus auch mit einem Vorrat an positiven vorrationalen Erfahrungsgehalten aufwarten könne, welche die metaphysischen Bedürfnisse ebenso befriedige, wie sie die Sensibilität für Symbol- und Bild, Leiblichkeits- und Numinositätserleben erhöhe. Eingedenk dessen sei sie geradezu prädestiniert, die »Blutarmut« der kritisch-analytischen Gesellschaftstheorien auszugleichen. Erst die Aufnahme des schöpferischen Austausches mit den Tiefenkräften des kollektiven Unbewußten erschließe den Menschen einen Zugang zu den Potenzen, in deren archetypisch-mythischen Horizont gesellschaftsveränderndes Handeln und ganzheitlich-individuelle Selbstverwirklichung nicht mehr auseinanderfallen müßten.

Das sollte, so muß man vermuten, ein Programm der Vermittlung par excellence sein. Aber das Gegenteil ist der Fall. Wie sein Ziehvater Jung erspart sich Evers die Arbeit der begrifflichen Analyse. Bis zum Überdruß freilich bemüht der Autor die »dialektischen Spannungsbögen«, ohne sich im entferntesten auf Dialektik einzulassen. An die Stelle der Denkbewegung »der sich zersetzenden Mitte« (Hegel) tritt das trockene Behaupten von der Einheit der Gegensätze oder der Hinweis auf »Ganzheit« und »Selbst«, in denen die Widerspruchsnatur der Seele, Gott weiß wie, umgriffen oder aufgehoben ist. Aber Ganzheit ist von begrifflich entfalteter Totalität so verschieden wie das leere Versichern von der begründeten Rede. – Der Gegensatz der an der Methode aufbricht, reicht bis ins Verständnis gesellschaftlicher Emanzipation hinein. Denn Vermittlungsarbeit zu leisten, ist in theoretischer wie praktischer Hinsicht für jedes Emanzipationsprogramm unverzichtbar, gerade auch darin, das menschliche Subjekt bis in die innerlichsten Synthesen und mythischen Bilder und Phantasien durch das andere, die außerseelische Realität der gesellschaftlichen Herrschaftsverhältnisse bestimmt, das ist vermittelt zu erfahren, wie umgekehrt das, was die Macht der Institutionen verkörpert, durch mythische Mächte und Phantasien gestützt und abgefedert zu begreifen. Nicht die »Entwirklichung der Außenwelt«, die Evers glaubt gegen Jung ins Feld führen zu müssen, ist der entscheidende Mangel (sie folgt nur Jungs unreflektiertem Hiatus von Innen- und Außenwelt) sondern, daß es eine Theorie des Handelns und Erlebens im emanzipatorischem Gewande sich erspart, der Resonanz nachzuforschen, die die historisch institutierten Herrschaftsverhältnisse und die je besonderen Mechanismen der Triebbearbeitung in den symbolischen Ordnungen und mythischen Netzwerken gefunden haben (anstatt sie mit Jung als »einen Schatz an ewigen Bildern« zu betrachten). Eben das läßt sich mit Jung auch schlecht bewerkstelligen, schließt seine Innenweltorientierung doch alles aus, woraus die mythologische Symbolik den ganzen Umfang an Bildern und Geschichten schöpft: die konkreten historischen Kontexte von Arbeit und Bedürfnisbefriedigung, Verwandtschaftssystemen und alltäglichem Verkehr, wie die symbolisch bearbeiteten Erfahrungen, die sich darin Ausdruck und Bewußtsein verschaffen. So beeindruckend die Fülle des ausgebreiteten mythologischen und symbolischen Materials ist, die gleichen Motive kehren endlos wieder und reflektieren, den verwirrenden Wechseln und synkretistischen Neugruppierungen zum Hohn, die ewig gleichen Geschichten. Alles Bedeutsame ruht auf dem tiefen Grunde der Seele. Selbst die Wissenschaften sind »Symptome« der menschlichen Seele (GW 9, 63; vgl. GW2, 16).

Für die psychischen Mechanismen der symbolischen Realitätsverarbeitung, für die Integrationsleistungen von Bild und Begriff, Sinnlichkeit und Verstand zeigt Jung so wenig Interesse wie Evers. Stattdessen wird die Wirklichkeit ins gelobte Land uranfänglicher Herkunft zurückgeführt und zeitlos, ohne Rücksichtnahme auf den geschichtlichen Kontext in die »fundamentalere« Sprache mythologischer Motive abgebildet. Die Welt ist nur das endlose Spiel der Verdoppelung oder Verkleidung archetypischer Muster, die in der Seele gleich einem umfänglichen Archiv abgelagert sind. »Der Kampf der Drachen ist ein Eisenbahnzusammenstoß; der Held, der den Drachen erschlägt, ist der Heldentenor am Stadttheater; die chthonische Mutter ist eine dicke Gemüsehändlerin, [...] Pluto, der Proserpina raubt, ein gefährlicher Chauffeur« (Ges. W., 15, 112) und die nationalsozialistische Gewaltherrschaft die Wiederauferstehung des alten Brausegotts ›Wotan‹ in der germanischen Seele . . .: Eine Anamnese des sozial Verdrängten hätte an der Theorie des kollektiven Unbewußten erhoben werden müssen, nicht die Ursprungserzählungen nochmals verdoppelt.

Der Vermittlungsauflagen enthoben, enden die Strategien der Selbstversenkung wie der Selbstüberschreibung ans Objekt regelmäßig in der schlechten Abstraktion der leeren Tiefe der Nacht, in der sprichwörtlich alle Kühe schwarz sind. So ist denn auch bei Jung (und Evers) alles einerlei. Die Einerleiheit ist die einzig bedeutende Kategorie. Der Archetypus beispielsweise ist Geist und Natur, Gefühl und Gedanke, Kantische Kategorie und Platonische Idee, Ansich und Füruns, Grundform aller Anschauung und Bild, Resultat wissenschaftlicher Forschung und aller Wissenschaft inkommensurabel, ein »Du« und ein Objektiv-Psychisches, konstruktiv und destruktiv, statisch und dynamisch, bloßes Schema und Reservoir reichster Symbolik, Hypothese und Wesenheit, neuplatonische Weltseele und Instinkt usf. Im Ursinn der Bilder werden alle Welträtsel aufgelöst. – Möglich, daß all diese Prädikate den Archetypus kennzeichnen; um das allerdings glauben oder gar begreifen zu können, müßte der innere Zusammenhang von all dem durchsichtig gemacht, das ist begrifflich auseinandergelegt werden. Danach sucht man bei Evers vergeblich. Vorrangig bleibt ein äußerliches Inbeziehungsetzen von Vorstellungen und Autoritäten. Selten wird ernsthaft der Versuch unternommen, an den Empfindlichkeitsschwellen der Begriffe von Bewußtem und Unbewußtem, Autonomie und Heteronomie, Emanzipation und Repression deren Dialektik zu entfalten. Einige Beispiele.

Zielbesitz

Evers verwahrt sich gegen den Vorwurf, Jungs »Lehre vom kollektiven Unbewußten verhafte menschliche Subjektivität in anthropologischen Invarianten.« Derart werde die Dynamik alles archetypischen Geschehens »gründlich mißverstanden« (Evers, *Mythos*, 31). Gleichzeitig kann der Autor das Gleichbleibende und Wiederkehrende, Zeitüberdauernde und Uranfängliche der urtümlichen Szenen und Symbole schwerlich bestreiten. Ohne diese Voraussetzung wären sie überhaupt nicht auf einen Typus hin zu selegieren. Zu behaupten, beide Aspekte befänden sich in »ständiger dialektischer Spannung« löst eben nicht das Rätsel, welcher Art die Dynamik ist, noch wie sie mit der Invarianz eines »Grundmusters instinkthaften Verhaltens« (GW2, 115) in Übereinstimmung gebracht werden könnte. Der Hinweis, die Varianz der uranfänglichen Bilder sei ohne Voraussetzung einer Invarianz nicht vorstellbar, verschlägt einem schier den Atem, bestätigt die Annahme doch, was sie zu widerlegen sich abmüht: den Vorrang der ahistorischen, statischen Natur archetypischer Kräfte, in deren Umkreis als »unanschauliche Grundform« (GW2, 55) die menschliche Subjektivität eingekerkert wird. Die Logik einer sich entbergenden Wesensnatur bleibt unangetastet. Man braucht die mögliche Dynamik gar nicht zu bestreiten; sie könnte aus der Konfrontation der wirklichen Welt mit der archetypisch vorbestimmten Bildbefangenheit der Menschen entspringen. Gleichwohl wird der Vorwurf, sich einer Wesensanthropologie verschrieben zu haben, zu Recht erhoben, weil jene Dynamik sich bestenfalls auf der Oberfläche oder Erscheinungsseite eines für uns bedeutsamen Bildererlebens abspielt.[5] Die Wesensdeutung menschlicher Existenz wird

---

[5] Die Wesensanthropologie spiegelt sich geradezu klassisch in dem nachfolgenden Text: »Zu den archetypischen Bildern gehören zum Beispiel

nirgends in Frage gestellt, sie wird nicht einmal als Problem gesehen. Das heißt, die Vorstellung einer geschichtlichen Zeit wird in keinem Augenblick in den Entwurf menschlichen In-der-Welt-Seins eingeführt. Vielmehr wird, gleichgültig ob platonisch oder kantisch, oder was Jung und Evers dafür halten, die Metaphysik des Immerseienden und Immergültigen abgespult, die vorgibt, das, was der Mensch ist, seinem Wesen nach definitiv bestimmen zu können. (Weite Teile der mit »dem« Menschen befaßten Wissenschaften üben sich unverdrossen in der Wiederholung dieser Denkform, ohne die anhängenden Aporien zu bedenken, an deren Analyse und Abarbeitung die klassische Philosophie zugrunde ging).

Ein anderer Gipfel der Ahnungslosigkeit – auf dem man fast geneigt ist, Bloch gegen seine unverständigen Kritiker in Schutz zu nehmen – ist ein Passus, in dem Jung gegen das Blochsche Verdikt: der Archetypus verstelle die Zukunft, mit einem Jung-Zitat verteidigt wird. »Nach meinen Erfahrungen kann das Bewußtsein nur eine relative Mittellage beanspruchen und muß es dulden, daß es gewissermaßen auf allen Seite von der unbewußten Psyche überragt und umgeben ist. Es ist durch unbewußte Inhalte rückwärts gebunden [...] es ist aber auch nach vorwärts antizipiert.« So »bestimmt der Archetypus die Art und den Ablauf der Gestaltung mit einem anscheinenden Vorwissen oder *im apriorischen Besitz des Zieles*« (zit. nach Evers, 205). Wenn dem Archetypus der »apriori-

alle Symbole, die mit den Lebensstationen im Wachstumsprozeß vom Kleinkind zum Erwachsenen zusammenhängen: die Große Mutter, der Alte König, Kastration und Inzest, der Held, der Kampf mit dem Drachen, Verschlingung und Zerstückelung, Wiedergeburt«, weiter in den Themen, »die mit innerem Wachstum, also Selbstfindung und Selbstverwirklichung zu tun haben [...] das Motiv des Wegs: die gefährliche Straße, das Labyrinth, die Wanderung durch die Wüste oder der Gang durch die Unterwelt (heute: U-Bahnen, Rolltreppen)«. So geht das lustig weiter, um endlich mit der gedankenlosen Wiederholung des Jungschen Dogmas über die Mythen zu enden: Mythen seien »nichts anderes als solche zu einem übergeordneten Sinnganzen verbundene Komplexe einzelner archetypischer Symbole« (Evers, *Mythos*, 31).

sche Besitz des Zieles« eingeschrieben ist, dann eben ist alle Offenheit nach vorn nur eine Chimäre, bloßer Schein, insofern das Geschichtsziel, gleichgültig ob die Menschen es wissen oder nicht, festliegt: sein Erreichen ist an die Verwirklichung archetypischer Wesenserfahrung gebunden. Nur innerhalb der identitätslogischen Begrenzung, wie kaleidoskopartig die Erscheinungsoberflächen sich auch ausnehmen, kann sich gesellschaftsveränderndes Handeln in Szene setzen. Was sich ändern kann, ist der Weg, das Ziel des Ganzen liegt vorbestimmt im archetypischen Erbe – wie animalische Verhaltensprogramme im genetischen Code. Menschliches Sein ist archetypisches Bestimmtsein, nach rückwärts und vorwärts. Aber Zielbesitz oder Zweckdefinition und Autonomie des Handelns schließen einander aus. Die Einsicht in diese Aporie hat die Philosophie und Sozialwissenschaft in den letzten zwei Jahrhunderten mühsam genug erarbeitet. Was festliegt, legt fest und gestattet also keine Freiheit. Wird ausnahmsweise Freiheit, was bei Jung nicht der Fall ist, einmal zum Zweck erhoben, hebt sich der Verfügungsanspruch eines Vorwissen über die Zukunft auf. – Was der abstrakt verfochtene Einwand nur andeuten kann, bestätigt die textbezogene Auswertung. Das Ziel ist nach Evers »der Mythos des Einzelnen: die Individuation« (Evers, 238), die wiederum identitätsnormierend und ahistorisch als Benennen von »menschliche(n) Lebensprozesse(n), die es immer schon gab« (Evers, 61), umschrieben wird. Der »Weg zur eigenen Bestimmung« zeigt, »nach welchen Prinzipien des Stirb und Werde, des Löse und Binde sich schrittweise psychische Verwandlung vollzieht, welche je besonderen Aufgaben diese einzelnen Schritte kennzeichnen und an welchen Symbolen des Unbewußten man sie erkennt« (Evers, 61). Das ausgerechnet der (naturalistische) Normativismus einer wissenschaftsgeschichtlich angestaubten und moralisch aufgeblasenen Phasenlehre menschlicher Reifungszyklen der »dialektisch-emanzipatorische, zum utopischen Entwurf offene Begriff« (Evers, 57) sein soll, wird wohl, was Denkform und Inhalt betrifft, nur dem einleuchten, dem Erbaulichkeit und Haltsuche die höchsten Zwecke der Theoriebildung sind – zumal das Hauptproblem, das der Konfrontation des Individuationskonzepts mit den Grundlinien der Emanzipation entspringt, die

Frage nach dem Verhältnis von Individuation und Intersubjektivität, eine Leerstelle besonderen Ausmaßes ist.

Psychologie und Erkenntnistheorie

Gegen einen philosophisch-psychologischen Essay wie diesen werden häufig Einwände derart vorgebracht, daß die philosophisch-erkenntniskritische Analyse die wesentlich psychologische Intention verfehle, zu theoretisch sei und weder den auf das konkrete Alltagshandeln abgestellten Zweck, noch die (unumstößliche) Empirie, auf die sich die Theorie stützt, hinreichend berücksichtige.

Die nachfolgenden Anmerkungen verfolgen weniger den Zweck, dieses Geflecht von Vorurteilen – das man auch ein Syndrom heißen könnte – im Einzelnen zu entwirren; vielmehr besteht die Absicht, die Aufmerksamkeit auf einige blinde Flecken zu lenken, die in solcherart Einstellung transportiert werden und zum festen Repertoire im Selbstverständnis von Jungianern und einer Reihe von Human- und Sozialwissenschaftlern gehören. Vorbehalte der bezeichneten Weise scheinen auf Widerstände hinzudeuten, die dem Verdrängt-Unbewußten durchaus analog sind und, gleichsam naturwüchsig, in die Konstitution und Rezeption von Erfahrungswissen eingebaut sind. Was Wittgenstein auf das Verhältnis von Methode und Begriffsbildung in der experimentellen Psychologie gemünzt hat, daß »Problem und Methode windschief aneinander vorbeilaufen« (Wittgenstein, PU, 267), gilt, was die Beziehung von Empirie und Theorie betrifft, ebenso für die analytische Psychologie.

Keiner Psychologie oder Sozialwissenschaft, die beansprucht, im Unterschied zur alltäglichen oder religiösen Erfahrung, als *Wissenschaft* anerkannt zu werden, ist es möglich, ohne eine Form von selbstbezüglicher Reflexion zu bestehen, welche darauf dringt, die erkenntnisstrukturierenden Voraussetzungen empirischen Wissens im Endprodukt wissenschaftlichen Handelns mitzubedenken. Das gilt in besonderem Maße für eine Theorie wie die Jungsche, die mit Freuds Entdeckung oder Erfindung des Unbewußten einen entschieden qualitativen Fortschritt im Wissen um die psychische Realität unterstellt. Die humanwissenschaftliche

Erkenntnis des Gegenstandes verlangt notwendig, daß die (historisch apriorischen) Bedingungen mitbedacht werden, welche Erkenntnis zu der machen, die sie ist. Denn in den die psychischen und sozialen Leistungen objektivierenden Disziplinen ist neben der systematischen Fehlerquelle, die im Objektivierungszwang begründet liegt, eine besondere Form der Blindheit darin mitthematisch, daß dasjenige psychische (oder soziale) System, welches eine Beobachtung macht oder eine Einsicht trägt, das nämliche ist über das Beobachtungsaussagen oder Interpretationen formuliert werden. Jede Wissenschaft muß auf die verschwiegenen oder verdrängten raumzeitlichen Variablen und Zusammenhänge, die die Objektivation des Gegenstandes steuern oder doch begleiten, zurückkommen. Diese Schwierigkeit wird eben in den Human- und Sozialwissenschaften dadurch nochmals potenziert, daß der forschende Blick sich in diesen Fällen auf das richtet, wovon er selbst ein Teil ist. Die ethnologische Forschung hat, wie Devereux in seinem Buch *Angst und Methode in den Verhaltenswissenschaften* zeigt, in besonderem Maße damit zu kämpfen; sein allgemeines Resultat, daß das fremde, angst- und furchtauslösende Material ethnologischer Feldforschung, insofern es unaufgearbeitete Konflikte des Forschers berührt, zu markanten Wahrnehmungsverzerrungen des Gegenstandes führt, ist auch dann von bleibendem Wert, wenn man dem psychoanalytischen Hintergrundobjektivismus seiner Forschung mit Skepsis begegnet. Das Tun des Wissenschaftlers ist also von Anfang an, bewußt oder unbewußt, in epistemologische Fragen verstrickt; von ihnen kann es sich so wenig ablösen wie von der metatheoretischen Besorgnis, ob das, was da jeweils behauptet wird, auch wahr ist und unter welchen Voraussetzungen das Wissen je entstanden ist.

Erkenntnistheorie ist also nicht etwas, das über den Dingen steht, keine abgehobene, für Experten reservierte Disziplin, die von außen an die empirische Erfahrung herangetragen wird; im Gegenteil, der Wissenschaftler wie der Alltagshandelnde bringen, ob sie wollen oder nicht, eine Erkenntnistheorie in Anschlag; sie schließen sie in die Unterscheidungen und Verhältnisbestimmungen von Theorie und Empirie ein, die jeder Erfahrungserkenntnis eingewoben sind und je nach Wissenschaftstradition in einer anderen Konstellation erscheinen können. Ähnlich verhält es sich mit den (Handlungs-) Begriffen, die in jeder Beschreibung menschlichen Verhaltens zugrunde gelegt werden. Beide Themen laufen gleichsam als Fragen nach den unthematisierten Voraussetzungen von Erfahrung ständig mit. Die (unbewußte) Wahl der Erkenntnistheorie zieht alle empirisch bestimmten Aussagen in Mitleidenschaft, sie modifiziert sie. Sie wirkt wie ein chemischer Katalysator, in dem sie gleichsam die Konzeptualisierung der empirischen Realität nach Maßgabe ihrer Prämissen umwandelt. Ein Eigenschaftsmodell beispielsweise in der Beschreibung menschlichen Verhaltens unterstellt, fordert andere Selektionen, Interpunktionen, Rasterungen, usf. der sozialen Ereignisse heraus als eine Theorie, für welche die »Interaktion« zwischen den beteiligten Akteuren das Erklärungszentrum ist. Wie jede empirische Aussage ist auch jenes Modell mit mächtigen Vorannahmen verbunden, die alle Erfahrung weit übersteigen. Die Annahme, daß Menschen sich vermittels des Eigenschaftskonstrukts angemessen und in sich stimmig beschreiben lassen, ist selbst keine empirische Frage und läßt sich also niemals durch empirische Beobachtung bestätigen. Daher ist die Berufung auf empirische Tatsachen zum Beweis der Theorie, wie Jung zum Behuf seiner Wissenschaftlichkeit das macht, im besten Fall naiv. Mit anderen Worten, die philosophisch-erkenntniskritischen Probleme werden der Psychologie nicht von außen aufgedrängt, sie entspringen den Erfordernissen der Sache selbst. Zwar mag das Augenmerk des Interesses mal mehr dieser, der reflexiv-erkenntniskritischen, mal mehr jener Seite der empirischen Forschung zugewandt sein, die Besonderheit der einen Fragestellung hinter der der anderen zurücktreten, entscheidend bleibt, daß das sachliche Mitaufgegebensein oder die Coevolution der Erkenntniskritik durch keine wissenschaftspolitisch instituierten Grenzen eskamotiert werden kann. – Jung erliegt daher zu Recht dem Zwang zu philosophischer Selbstverständigung. Das ist anzuerkennen. Daß sie völlig unzulänglich bleibt, färbt eben auch auf die Konzeptualisierung psychologischen Wissens ab, das, wie es angelegt ist, zwischen metaphysischem Obskurantismus und selbstvergessenem Positivismus richtungslos hin und her schwankt.

Auch Freud sieht sich der Notwendigkeit philosophischer Spekulation ausgesetzt. So vehement er sich auch gegen sie ausspricht, sie als eine sublimierte Form der Zwangsneurose betrachtet, dem Zwang zur metatheoretischen (und mythologischen) Überschreitung der Psychologie kann er sich an keiner Stelle entziehen – auch wenn er denselben hinter dem Etikett einer Metapsychologie zu verstecken sucht. Die »Hexe Metapsychologie« muß immer wieder mithelfen, die eigene Theorie und Praxis durchsichtig zu machen und zu begreifen. »Ohne metapsychologisches Spekulieren und Theoretisieren – beinahe hätte ich gesagt: Phantasieren – kommt man hier keinen Schritt weiter« (Freud, GW XVI, 69). Aber auch die Metapsychologie ist ein (vielleicht methodisch nützliches) Phantasma; nicht unähnlich dem der (analytischen) Sprachphilosophen und Linguisten, die, um sich von der Sprache loszumachen oder abzusetzen, die Sprache als etwas Äußerliches betrachten und in Form einer (imaginierten) Metasprache versuchen, über die Sprache als einen anderen Gegenstand zu befinden. Aber das sprechende oder schreibende Subjekt, wie das Objekt, die Rede oder die Schrift, sind ein und dasselbe. Die Erfindung der Metasprache aus der Russelschen Not, die Paradoxie des ironisch blinzelnden Kreters aufzulösen, pflanzt sich fort in der Erzeugung des Phantasmas, vermittels metatheoretischer Distanzierung dem unentrinnbaren Zirkel aller Human- und Sozialwissenschaften entkommen zu können.

Bleibt zuletzt die Frage, ob und inwiefern es überhaupt von Vorteil ist, menschliches Handeln und Erleben, nach Art »psychischer Tatsachen« aufzufassen, wie es der analytische Diskurs in Anlehnung an die Naturwissenschaft durchwegs tut. Wie angedeutet erscheint die psychische Realität nicht unabhängig davon, mit welchen handlungs-, bewußtseins- oder triebtheoretischen Konzepten sie begriffen wird. Wie die Diskussion der Handlungsmodelle in den letzten zwei Jahrzehnten gezeigt hat, birgt jede Konzeptualisierung des Verhaltens und Erlebens spezifische Folgekosten. Sie erscheinen dann besonders hoch, wenn, wie im Falle Jungs, der sprachlichen und intersubjektiven Vergesellschaftung psychischer Realität nicht genügend Rechnung getragen, das heißt, einer wesensanthropologischen Verdinglichung menschlicher Erfahrung

Vorschub geleistet wird und die (vermeintliche) Invarianz archetypischer Symbole einen Ursprungsmythos herausfordert, der aufgrund der mythologischen Gestaltung des Mythos, Ursprungssehnsüchte und mitfühlende Teilhabe weckt und in der Verherrlichung primitiver Mysterien einen »Vorwand für einen regressiven und irrationalistischen Kult des Ursprünglichen« (Bourdieu) findet. Jung fährt fort, die unbewußte Seelentätigkeit im vorstellungstheoretischen Rahmen des traditionellen Dingbegriffs zu beschreiben, gleichzeitig aber – wenngleich auf unbegriffene Weise – denselben Begriff in seine Auflösung und Zerfaserung zu treiben. Die Ambivalenz oder Widersprüchlichkeit in der Kernstruktur des Dingschemas ist offensichtlich. Auf der einen Seite spiegeln Jungs Schriften bewußt und unbewußt ein Stück Auflösungsgeschichte des in der Neuzeit naturwissenschaftlich geprägten Dingbegriffs, deren historische Bedeutung erst vor dem Hintergrund der kulturellen und wissenschaftsinternen Unsicherheit zu Beginn des zwanzigsten Jahrhunderts virulent wird. Sie bietet den Spielarten esoterischen Wissens auch heute Gelegenheit, sich mit mehr oder weniger guten Gründen zu behaupten. In welchen Fällen etwas die dingkonstitutiven Bedingungen der Möglichkeit von Erfahrung erfüllt, läßt sich in der Postmoderne des »anything goes« (Feyerabend) nicht mehr so eindeutig wie zu Zeiten Kants mit dem Hinweis auf die notwendig anschauungsbezogene Ästhetik von Raum und Zeit, die Fundamentalkategorie der Kausalität und die Leitdifferenz von res corporales und incorporales beantworten. Mit der Vorstellung des Archetypus beispielsweise, der Geistigkeit und Natürlichkeit in sich zu verkörpern vorgibt, oder dem Prinzip der Synchronizität revoltiert Jung gegen die traditionellen cartesisch-kantischen Objektabmessungen, ohne indes etwas anderes als ein Surrogat, die abgestandene Vison mythisch-symbolischer Ursprungsnähe an deren Stelle zu setzen.

Auf der anderen Seite steht Jung nicht weniger als Freud (Vgl. GWXV, 171) im Bann einer positivistischen Dingvorstellung. Das belegen die Mytheninterpretation und das Hauptstück der Projektion wie die Konzeptualisierung des Unbewußten. Diese Dingvorstellung aber genügt dem Begriff eines symbolisch bestimmten und intersubjektiv fundierten sozialen Handelns und Erlebens in keiner Weise. Die reflexionslos betriebene, anachronistische Auflösung derselben aber ist das Einfallstor für den regressiven Kult des Ursprünglichen.

VI.

Wahrheit aus dem Unbewußten

Kaum ein Begriff wird so zuverlässig mit der Psychologie von C. G. Jung assoziiert wie der des Archetypus. Dies Konzept bildet in der Tat den Erklärungskern der analytischen Mythendeutung. In einem Text über die Bedeutung des kollektiven Unbewußten berichtet Jung von Erfahrungen, die für ihn erster Anstoß waren, so etwas wie die Idee des Archetypus auszubilden.

»Um 1906 begegnete ich einer merkwürdigen Phantasie eines Paranoikers, der seit vielen Jahren interniert war. Der Patient hatte seit seiner Jugend an unheilbarer Schizophrenie gelitten. Er hatte die Volksschulen besucht und war als Angestellter in einem Büro tätig gewesen. Er war mit keinerlei besonderen Gaben ausgestattet, und ich selbst wußte damals nichts von Mythologie oder Archäologie [...]. Eines Tages traf ich ihn an, wie er am Fenster stand, seinen Kopf hin und her bewegte und in die Sonne blinzelte. Er bat mich, dasselbe zu tun, und versprach mir, ich würde dann etwas sehr Interessantes sehen. Als ich ihn fragte, was er sähe, war er überrascht, daß ich selbst nichts sehen konnte, und sagte: ›Sie sehen doch den Sonnenpenis – wenn ich meinen Kopf hin und her bewege, so bewegt er sich ebenfalls, und das ist der Ursprung des Windes.‹ Natürlich begriff ich die sonderbare Idee ganz und gar nicht, aber ich hielt sie in einer Notiz fest« (GW2, 122, 123).

Einige Jahre später, während seiner mythologischen Studien, entdeckt Jung in einem Buch des Philologen und Religionshistorikers Dietrich einen Text der Mithrasliturgie; dieser Text stellt offenbar eine religiöse Anleitung dar, wie bestimmte Anrufungen des persischen Sonnengottes durchzuführen sind. In diesem Text lesen wir folgende Weisungen: »Hole von den Strahlen Atem, dreimal einziehend, so stark du kannst, und du wirst dich sehen aufgehoben und hinüberschreitend zur Höhe, so daß du glaubst mitten in der Luftregion zu sein [...] der Weg der sichtbaren Götter wird durch die Sonne erscheinen, den Gott, meinen Vater; ähnlicher Weise wird sichtbar sein auch die sogenannte Röhre, der Ursprung des diensttuenden Windes. Denn du wirst von der Sonnenscheibe wie eine herabhängende Röhre sehen ...« (GW2, 123). Jung glaubt, daß vermittels der Anrufung der Leser in die innere Erfahrung »des Autors und die damals bestehenden mystischen Gemeinschaften« eingeführt werden soll. »Diese Vision ist somit in einen religiösen Zusammenhang von eindeutig ekstatischer Natur gebettet und beschreibt eine Art Initiation in die mystische Erfahrung der Gottheit.« Jung fährt fort: »Unser Patient war ungefähr zehn Jahre älter als ich. Er war größenwahnsinnig, nämlich Gott und Christus in einem. Seine Einstellung mir gegenüber war wohlwollend – er mochte mich gern, als die einzige Person, die seinen abstrusen Vorstellungen überhaupt Interesse entgegenbrachte. Sein Wahnideen waren vorwiegend religiöser Natur, und als er mich aufforderte, in die Sonne zu blinzeln wie er und meinen Kopf hin und her zu wiegen, hatte er offenbar die Absicht, mich an seiner Vision teilnehmen zu lassen. Er spielte die Rolle des mystischen Weisen, und ich war sein Schüler. Er war sogar der Sonnengott selbst, indem er durch sein Kopfwackeln den Wind erschuf« (GW2, 124).

Archetypen

Jung unterstellt, wohl mit einigem Recht, daß es wenig wahrscheinlich ist, daß der Patient den erst kurz zuvor entdeckten Text gelesen oder ein Bild, das Ähnliches abbildet, gesehen haben könnte, zumal sich das Original, ein griechischer Papyrus, in der Bibliothèque Nationale in Paris befand. Auch sonst scheinen keine Anhaltspunkte dafür vorzuliegen, daß der Patient aus anderweitigen Quellen Kenntnis dieses seltsamen Symbols erlangt haben könnte. Der Eindruck dieses ungewöhnlichen Ereignisses ist nachhaltig; es gibt Jung Anlaß zur Vermutung, diese Koinzidenz zwischen den Wahnideen des Patienten, der Vorstellung also, daß die Sonne einen Phallus habe, dessen Bewegung den Wind erzeuge und der mystischen Erfahrung, die auf die nämliche Vorstellung verweist, sei keine bloß zufällige, sondern eine, die nicht anders erklärt werden könne, als durch die Existenz universeller Symbole und Bilder, eben der Archetypen. Sie durchherrschen, laut Jung, die unbewußte kollektive Phantasie des Menschengeschlechts seit ihren Anfängen; sie zeitigen »determinierende Wirkungen«, »welche, unabhängig von Übermittlung, in jedem einzelnen Individuum Ähnlichkeit, ja sogar Gleichheit der Erfahrung sowohl wie der imaginativen Gestaltung gewährleisten. Einer der Hauptbeweise ist sozusagen der universale Parallelismus mythologischer Motive«, die wegen ihrer »urbildlichen Natur« Archetypen (GW2, 130) genannt werden. Um diesen Begriff wissenschaftlich abzusichern, hat Jung umfangreiche Studien zur vergleichenden Mythenforschung angestellt; ebenso Analysen von Träumen, Phantasien, Märchen und mystischen Visionen. Aus diesen Materialien hat er das Konzept des Archetypus abstrahiert. Vermittels des empirischen Vergleichs, welcher die beeindruckende Gleichheit und Konstanz mythologischer Motive erwies, glaubte er sich berechtigt, auf eine universelle psychische Disposition rückschließen zu dürfen, welche als »Formprinzip« die unbewußten Bilder oder Dominanten der Erfahrung erzeugt.

Die Archetypen bilden in Gestalt von Allegorien, Bildern, Symbolen und mythischen Figuren den Hauptinhalt und die eigentliche Realität des Unbewußten. Was man sich freilich unter diesen universellen Bildern und Motiven oder vielmehr Formprinzipien des Unbewußten vorzustellen hat, die mächtig sind, alle Geschichte zu durchstoßen und tief in die archaische Frühzeit des Menschengeschlechts hinabreichen, ist nicht leicht zu bestimmen und verliert sich in jenem Ungefähr von Begriffen und Konstellationen, worin alle Jungsche Terminologie verflimmert.

In der Erkenntnis des Unbewußten unterscheidet Jung zwei Schichten: das eher oberflächlich angelegte, persönliche Unbewußte und – das einer tieferen Schicht entstammende – un- oder überpersönliche Unbewußte, das durch keine individuelle Erfahrung erworben wird. Letzteres heißt auch kollektives Unbewußtes, weil es, von persönlichen Bedeutungen losgelöst, »Niederschläge von stets sich wiederholenden Erfahrungen der Menschheit« (GW2, 77) enthält. Die Archetypen wiederum bilden den wesentlichen Inhalt des kollektiven Unbewußten, wobei sogleich zwischen den »Archetypen im eigentlichen Sinn« und den Manifestationen der Archetypen im Bewußtsein, den archetypischen Bildern, unterschieden wird. »Die archetypischen Vorstellungen, die uns das Unbewußte vermittelt, darf man nicht mit dem Archetypus an sich verwechseln. Sie sind vielfach variierte Gebilde, welche auf eine unanschauliche Grundform zurückweisen« (GW2, 55). Die Archetypen an sich sind gewöhnlich latent und unbewußt; alle Rede über sie ist darauf beschränkt, sie hinsichtlich eines vage vorgestellten Bedeutungskerns zu umkreisen. Sie variieren, am ehesten einer Sinfonie vergleichbar, ein »Grundthema«. Für die Praxis der Psychotherapie haben die Archetypen insofern Bedeutung, als sie – zum Beispiel in Träumen – Aufschluß geben über das unbewußte psychische Drama, das entweder seelische Gesundheit oder seelische Krankheit anzeigt. Ohne auf die Schwierigkeiten und Widersprüche eingehen zu können, sollen doch kurz die geläufigsten Unterstellungen über das, was ein Archetypus ist, aufgezählt werden.

In einem Atemzug wird behauptet, der Archetypus sei »ein Formprinzip der Triebkraft«, aber auch, er sei das »Bild des Triebes« und auf diese Weise »ein geistiges Ziel, zu dem die Natur den Menschen drängt« (GW2, 55). Häufiger wird er definiert als »Grundmuster instinkthaften Verhaltens« (GW2, 115) und als »unanschauliche Grundform«, die analog den Kantischen Kategorien, allem Denken und aller Anschauung a priori vorangehe, was freilich nicht so recht zu dem Bestimmungsstück passen will, das ihm »ebensowohl Gefühl als Gedanke« zuschreibt. Und weiter, der Archetypus bezeichne nichts anderes als der schon in der Antike vorkommende Ausdruck: er sei »mit der Idee im Platonischen Sinne synonym« (GW2, 143), um die Idee sogleich in die richtige, das ist die »biologische Umgebung« zu versetzen, wo anstatt der platonischen Teilhabe der Dinge an den Ideen, sie nun in die konkreten Dinge versetzt werden. Muß man angesichts dieser Logik nicht auf den Schluß verfallen, die platonischen Ideen seien unbewußte Abbilder der Triebe bzw. der Instinkte? Ferner heißt es, der Archetypus sei »eine angeborene Disposition zu parallelen Vorstellungsbildern« (GW7, 163, vgl. 108); er ist auch »Geist«, dessen Begriffsbestimmung zuletzt ebenso oszilliert, wie die, die sie erläutern soll (GW2, 207ff). Aus dieser verwirrenden Definitionslage hat Ellenberger den Schluß gezogen, daß die Jungianer, je nach Einstellung, die Universalität der urtümlichen Bilder »entweder als Folge der Struktur des menschlichen Gehirns [...] oder als den Ausdruck einer Art neuplatonischer Weltseele« gedeutet haben (Ellenberger, Bd. II, 948).

Archetypen sind Zentren psychischer Energie und entwickeln »eigene Initiative« (Symbole, 79); sie sind der intentionalen Ordnung durch bewußte Motivsteuerung enthoben. Fast immer werden sie von einer geheimnisvollen, überwältigenden Macht begleitet, die alle Anzeichen des Numinosen trägt. Sie haben die gleiche Bedeutung wie die zentralen Symbole der Weltreligionen; sie sind der »Urstoff der Offenbarung« (GW2, 81). Durch sie weht der Geist des Göttlichen.

Die bekanntesten universellen Symbole sind anima und animus, der alte (weise) Mann, die große Mutter oder auch Erdenmutter, das Selbst, die Geburt des Helden, Mandalamotive. Der Archetypus der Mutter beispielsweise hat, trotz zahlreicher Varianten, einen gleichbleibenden Bedeutungskern; er vermehrt sich aber bald exponentiell um alle Aspekte, Symbole und Assoziationen, die je mit dem Mütterlichen in Verbindung gebracht wurden und das reicht von ›der Nacht‹ über das »Unbewußte« und »Empfangende« bis zur »Kuh« und zur »Katze«, der »göttlichen Jungfrau«, dem »Korb« und der »Kiste« (Jacobi, 53).

Mythische Erzählungen als Wunschprojektion

Bleibt die Frage, welche Bedeutung diese Lehre von den urtümlichen Bildern der Seele für das Verständnis der mythischen Erzählungen hat. Der Zusammenhang besteht für Jung darin, daß Mythen, wie er sagt »in erster Linie [...] psychische Manifestationen« sind, »welche das Wesen der Seele darstellen« (GW2, 79). Mit den anderen Psychoanalytikern zu Anfang des Jahrhunderts teilt Jung die Auffassung, daß die Mitglieder archaischer Kulturen kein oder wenig Interesse an einer objektiven Erklärung der Dinge der äußeren Wirklichkeit gehabt haben; vielmehr treibe sie eine unbewußte seelische Dynamik dazu, die starken inneren Regungen dem äußeren Geschehen in der Natur zu assimilieren. Auf die nämliche Weise wie das Kind, das den Dingen um es herum, böse oder gute Absichten zuschreibt und sie mit dem psychischen Inventar belebt, das es von sich selber kennt, überträgt der Mensch aus den Anfängen der Menschheitsgeschichte seine Ängste und Hoffnungen, Wünsche und Phantasien auf die äußeren Objekte.

»Es genügt dem Primitiven nicht, die Sonne auf- und untergehen zu sehen, sondern diese äußere Beobachtung muß zugleich auch ein seelisches Geschehen sein, das heißt, die Sonne muß in ihrer Wandlung das Schicksal eines Gottes oder Helden darstellen, das im Grunde genommen, nirgends anders wohnt als in der Seele des Menschen. Alle mythischen Naturvorgänge, wie Sommer und Winter, Mondwechsel, Regenzeiten usf. sind nichts weniger als Allegorien eben dieser objektiven Erfahrungen, sondern vielmehr symbolische Ausdrücke für das innere und unbewußte Drama der Seele, welches auf dem Weg der Projektion, das heißt gespiegelt in den Naturereignissen, dem menschlichen Bewußtsein faßbar wird« (GW2, 79). »Die naive Vorzeit sah in der Sonne den großen Himmels- und Weltvater und im Mond die fruchtbare Mutter. Und jedwedes Ding hatte seinen Dämon, das heißt war belebt und gleich einem Menschen oder Bruder, dem Tiere. Man bildete alles anthromorph oder theriomorph, als Mensch oder als Tier. Die Sonnenscheibe erhielt Flügel oder Füßchen, um ihre Bewegung zu veranschaulichen« (GW7, 30).

Mythen und Träume, Märchen und religiöse Visionen offenbaren bestimmte Szenen und Figuren des Unbewußten; sie sind Widerspiegelungen des kollektiven Unbewußten und entdecken uns relativ unverstellt die psychischen Dramen, die seit jeher einen Niederschlag in der Kollektivseele des Menschengeschlechts gefunden haben. Sie lassen sich über die universellen Symbole, die archetypischen Gestalten entschlüsseln; umgekehrt bietet für Jung die Symbolsprache der Mythen ein ungeheuer reiches Reservoir, die Traumszenen bzw. die normativen Leitbilder, die in sie

eingegeweben sind und Orientierung versprechen, besser zu verstehen.[1]

Die gleiche schöpferische Gestaltungskraft, die der moderne
Mensch auf Wissenschaft und Technik verwendet, hat der antike
dem Ausbau der Mythologie gewidmet. »Aus diesem schöpferischen Drang erklären sich der verwirrende Wechsel, die kaleido-
skopischen Verwandlungen und synkretistischen Neugruppierungen, die unaufhörlichen Verjüngungen der Mythen in der griechischen Kultursphäre. Hier bewegen wir uns [...] in einer Welt der
Phantasien, die wenig bekümmert um den äußeren Gang der Dinge, aus einer inneren Quelle fließen und wechselvolle, bald plasti-
sche, bald schemenhafte Gestalten erzeugen« (GW7, 29, 30). Zusammengefaßt: die mythische Naturerkenntnis ist »wesentlich
Sprache und äußere Bekleidung des unbewußten Seelenvorgan-
ges« und wiederum: die Seele enthält alle jene Bilder, »aus denen
Mythen je entstanden sind« (GW2, 80).

Bevor wir zur Darstellung der Freudschen Wunschtheorie der
Mythen weitergehen, um daran anschließend den eigentlich neu-
ralgischen Punkt der tiefenpsychologischen Mythendeutung – die
Frage der Projektion – zu behandeln, sind einige kritische Anmerkungen zur Jungschen Archetypenlehre angebracht.

Ursprungsdenken und Wissenschaft

Die Jungsche Psychologie des Unbewußten ist in ihrem Hauptstück ein Archiv unbewußter Bilder, das in den Tiefenschichten der
menschlichen Kollektivseele angelegt ist. Sie gibt vor, über eine der
Archäologie vergleichbare Methode, zu den Mächten eines unver-
stellten Ursprungs zurückzuführen. Diesen Willen zur Rückkehr
ins Unverborgene bezeugt bereits der Name. Archetypen sind

---

[1] Die universelle Ähnlichkeit der Symbole in den Träumen wie in der
Folklore der Völker hat Jung bewogen, sie für die inhaltliche Deutung
der Träume zunutze zu machen. Amplifikation heißt die Methode, einzelne Traummotive solange durch analoges und sinnverwandtes Bild-
material zu erweitern und anzureichern, bis die Bedeutung des Traums
Analytiker und Patient in seiner Klarheit überzeugt.

nichts Abgeleitetes, Spätes oder Zeitabhängiges; sie sind weder Resultate einer kopflastigen Zivilisation noch Produkte des neurotischen Intellektualismus der Moderne: sie sind *arché,* das heißt Ursprung, Anfang, Prinzip oder (letzter) Grund der Dinge. Daher kann Jung sie auch mit den Platonischen Ideen oder Urbildern identifizieren, sie sogar als »synonym« bezeichnen. Auf der anderen Seite gleichen die Archetypen den Traumbildern und -symbolen darin, daß sie, wie diese, die »reine, unverfälschte Natur« (GW2, 52) darstellen. Die Analyse unterstellt, vermittels der Traumbild- und Mythenvergleiche auf den vermittlungslos angesetzten Bedeutungskern universeller Symbole, oder, wie Jung sagt, den »Schatz an ewigen Bildern« (GW2, 81) hindurchgreifen zu können. Das Ziel der Wissenschaft des Unbewußten ist also nicht das Zeitbedingte, sondern der aus der geschichtlichen Verkleidung herausgelöste Bestand ewiger Bilder im Naturhaushalt des kollektiven Unbewußten.

Diese Vorstellung, die Psychologie des Unbewußten als Ursprungswissenschaft schreiben zu können oder auch nur die Annahme, Mythen und Archetypen legten den universellen Wurzelstock der geistigen Physiognomie des Menschen über Bilderleben frei, hat sich auf der ganzen Linie als ein kolossaler Irrtum erwiesen. Längst hatten die neuzeitliche Philosophie und Wissenschaft den güldenen Traum: methodisch an die arché heranreichen zu können, gründlich zerstört, da bereichert Jung das Paradigma des Ursprungsdenkens nochmals um eine neue Variante. Wissenschaftshistorisch überholt, erkenntnistheoretisch naiv und politisch dem Ideologieverdacht ausgesetzt, war die Erneuerung ursprungslogischen Denkens schon in den zwanziger und dreißiger Jahren bloßer Obskurantismus und – ist es heute, im Zeitalter von ›new age‹, erst recht. Das »Zurück zu den Ursprüngen«, das seit dem Beginn der Moderne periodisch wie eine Epidemie bald ganze Schichten und die besseren Kreise erfaßt, verstellt sich stets aufs neue die Einsicht, wie ephemer und zeitanfällig es ist, in welchem Maße es der politischen und gesellschaftlichen Funktionalisierung offensteht. Je weiter es sich vom Gesellschaftlich-Geschichtlichen zu entfernen dünkt, desto mehr und hemmungsloser verstrickt es sich in die Gespinste der Zeit. In diesem Zusammenhang ist eben auch daran zu erinnern, daß Jung die nationalsozialistische Gewaltherrschaft als ein blind hereinbrechendes »naturnotwendiges Geschehen« beschrieben hat, sie mit dem Archetypus »Wotan« identifiziert und zum autonomen Faktor der politischen Entwicklung erklärt hat.

Als wäre diese Form von Psychologie als Ursprungswissenschaft nicht schon problematisch genug, werden die Archetypen auch noch in einem realistischen Sinne interpretiert. Archetypen sind nämlich nicht bloße »nomina« oder willkürlich gewählte Zeichen, die eine vergleichende Mythenanalyse vermittels wissenschaftlicher Reduktionen aus der Bild- und Geschichtenfülle mythischer Erzählungen abstrahiert und selegiert hat, sondern, wie Jung sagt, »Wesenheiten« (GW2, 144). Sie dominieren als unbewußte universalia ante rem die Seele des Menschheitskollektivs. Jung unterschlägt auch in diesem Punkt die schmerzliche Selbsterkenntnis neuzeitlicher Vernunft, daß, wie der Religionspsychologe und Philosoph William James es gegen Ende des letzten Jahrhunderts prägnant ausgedrückt hat, »die Wissenschaft nur Symbole der Wirklichkeit behandelt, nicht die Wirklichkeit selbst«. Das heißt, Jung übergeht die Einsicht, daß allem Wissenschaftshandeln der Neuzeit gleichermaßen mächtige Reduktionen zugrunde liegen, sei es auf Grund methodischer Regeln, sei es auf Grund wissenschaftsspezifischer Einschränkungen oder ontologischer Vorannahmen. Ohne Einverständnis mit denselben könnten Psychologie und Mythenforschung gar kein Anrecht auf den Wissenschaftstitel erheben. Jung rechnet die gesellschaftlich eingefärbte Arbeit wissenschaftlicher Abstraktionen, die angesichts der Mehrdeutigkeit der Bilder, Szenen und Symbole, das Isolieren und Ausfällen der Mythenmotive begleitet, nicht in das Resultat, in das Inventar der (hypostasierten) Kollektivseele ein. Das allein hätte ausgereicht, die Ursprungsbehauptung über die Archetypen zu relativieren, wo nicht überhaupt ad absurdum zu führen. In einem Wort: Jung beachtet nicht den detotalisierenden Sinn wissenschaftlicher Aussagen, im Gegenteil, die Archetypenlehre spiegelt auf nahezu klassische Weise jene erfolgreich-trübe Mischung von Moral und Wissenschaft, Ursprungsphilosophie und Positivismus, wissenschaftlichem Reduktionismus und mythologischer Sinnsuche, Antiintel-

lektualismus und gelehrter Bildung, welche, anstatt die Problem-
gehalte dieser neuzeitlichen Differenzierungsgeschichte zu bearbeiten, sie erneut unkritisch und ohne Bewußtsein ineinander-
schwimmen läßt. Aus diesem Grund mußte Jung zwangsläufig
übersehen, daß die produktivsten und originellsten Aspekte der
Freudschen Psychologie, wie anderer moderner Theorien, gerade
durch die Übernahme eines Leitsystems provoziert wurden, das einen Typus der Realität auf einen anderen reduzierte. Analog zu
Marx, der alle gesellschaftlichen und politischen Phänomene auf
die Realitätsebene des ökonomischen Kräftespiels zurückzuführen
sucht, unternimmt es Freud, das gesamte Verhalten des Einzelnen
der Annahme der psychischen Determination zu unterstellen und
durch den unbewußten Konflikt zwischen Wunsch und Abwehr zu
erklären. Diese Rückführungen enthalten die überraschendsten
Einsichten, gerade weil sie sich nicht von dem leiten lassen, was
die Menschen über sich, über ihre Ziele und Absichten (bewußt)
zu sagen wissen. Daß Freud in seiner Auseinandersetzung mit Jung
beinahe dogmatisch auf einem reduzierten, den szientifischen Idealen seines Lehrers Brücke angelehnten Handlungsverständnis beharrt, dem zuletzt eine wesentlich sexuelle Motivation zugrunde
liegt, läßt ihn gründlicher als andere zuvor den »esprit souterrain«
(Nietzsche) des bürgerliche Zeitalters kennenlernen. Das heißt,
Marx und Freud arbeiten mit Modellen, denen gegenüber das kritische Postulat, sie stellten nicht ganze Wirklichkeit dar, ins Leere
läuft, jedenfalls solange, als wissenschaftliche Aussagen sich auf
den Gegenstandsbereich beschränken, für den sie geschaffen wurden. Marx und Freud haben freilich auch der Fehldeutung gewal-
tig Vorschub geleistet, insofern sie unterstellt haben, die von ihnen
gewählte Realitätsebene sei die letzthin wahre, die alle anderen be-
stimme und selbst von keiner anderen einer Aufklärung näher gebracht werden könnte.

Jung überfliegt desweiteren, daß es neben einer Reihe beein-
druckender Beispiele, die seine Theorie zu bestätigen scheinen und
auf die er in seinen Schriften immer wieder zurückkommt, eine
ganze Reihe anderer gibt, die sich nicht mit seiner Theorie in Einklang bringen lassen. Kirk hat das für einen Teil der griechischen
Mythenmotive nachgewiesen. In seinem Buch *Griechische Mythen*

gesteht er zu, daß selbstverständlich einige der gängigen Vorstellungen und Symbole über die Sonne, die Erdmutter, über Gott und anderes in den Mythen vieler Völker wiederkehren; es wäre auch verwunderlich, täten sie es nicht, wo doch die meisten von uns einen Vater gekannt haben, der während der psychischen Entwicklung eine nicht unbedeutende Rolle gespielt hat. Natürlich sei auch die Sonne wichtig, biete sie doch Anlaß genug, sich mit ihr zu beschäftigen. Aber all das impliziere in keiner Weise, biologisch verankerte und universell identische Strukturen der menschlichen Psyche akzeptieren zu müssen.

Daß die universelle Verbreitung und die zeitliche Konstanz mythischer Motive, die für Jung einen Hauptgrund darstellen, die Archetypen nach Art eingeborener Ideen zu begreifen, sich auch anders erklären lassen, darauf hat Blumenberg hingewiesen: er unterstellt einen möglichen Selektionseffekt der mündlichen Überlieferung, der gerade die beeindruckendsten und die Gemüter am heftigsten bewegenden Motive in den Vorteil brachte, aufgeschrieben und tradiert zu werden. Die »selektive Leistung der Mündlichkeit«, die darin bestand, sich ständig über die unmittelbare Rückmeldung des Erfolgs der literarischen Mittel zu versichern und die der Phase der Literalisierung vorausging, diese Leistung wurde später durch die Schriftkultur gründlich dem Blick entzogen (Blumenberg, *Mythos*, 167–170).

Verdinglichung des Unbewußten

So bewegt das Seelenleben des Einzelnen auch sein mag, seine Dynamik zeigt sich innerhalb der geschlossenen Gesellschaft archetypischer Präfigurationen. Jung verdinglicht das Unbewußte zu einem Naturkundemuseum von Traumsymbolen, mythischen Figuren und universellen Bildern. Das Unbewußte ist nicht, wie im Fall Freuds, das, was sich, – wenn überhaupt –, außerhalb der Bedeutungszentren vernünftiger Rede, entstellt an den Brüchen, Abschweifungen, Fehlleistungen, den lückenhaften, unstimmigen oder unverständlichen Äußerungen bemerkbar macht, sondern das, was zeitlos im umfänglichen Archiv der Kollektivseele abgelagert ist. Symptomatisch für die Verdinglichungstendenz, von der die Psychoanalyse gleichfalls nicht frei ist, ist die Rede von dem Unbewußten.

Während Freud in seinen späteren Überlegungen zur Topik des Psychischen (GW XIII) sich gezwungen sieht, die Substantivierung des Unbewußten zurückzunehmen oder mindestens zu relativieren und durch den Gebrauch des Adjektivs ›unbewußt‹ zu ersetzen, weil dem Ich beispielsweise unbewußte, vorbewußte und bewußte Qualitäten zugesprochen werden müssen, das heißt nur auf die Weise metapsychologisch das Problem der Lokalisierung von Zensur und Abwehr geklärt werden kann, bleibt Jung in den Fallstricken der Sprache und der Grammatik hängen; er nimmt das Kunstwort für ein Ding, wo allenfalls Qualitätszuschreibungen angemessen wären. Für Freud ist das unbewußte Seelenleben nicht anders zu denken als über die Dynamik verdrängter Wunschregungen. Zwar existieren archaische Restelemente, doch die Kernkomplexe der innerpsychischen Konflikte bilden die individuell erworbenen und vom Bewußtsein abgespaltenen sexuellen und aggressiven Triebschicksale. Zwar leugnet Jung nicht die dynamischen Aspekte des Unbewußten; aber sie entspringen aus der Konfrontation der wirklichen Welt mit der archetypisch vorbestimmten Bildbefangenheit der Menschen. Die Summe der Archetypen besteht gleichsam aus einem gut gefüllten, atavistischen Seelensack, vollgestopft mit geheimnisvoll-orakelnden »Partialseelen«, die als »patterns of behavior« alle menschliche Erfahrung vorschematisieren.

Einen weiteren Hinweis auf die Tendenz, Phänomene aus dem Umkreis unbewußter Wünsche zu verdinglichen, zeigt ein Blick auf die Unterschiede beider hinsichtlich der Traumdeutung.

Freud weiß, daß die analytische Bearbeitung des Traumes den Trauminhalt nachhaltig beeinflußt. Die Psychoanalyse setzt darum nicht direkt am manifesten Inhalt des Traumes, den Bildern und Szenen, die dem Träumer entstehen, an, sondern an den latenten Traumgedanken, die sie als Ausdruck unbewußter Wunscherfüllung zu entschlüsseln sucht. Sie richtet daher ihr Augenmerk notwendig auf die formalen Aspekte, die Auskunft geben über die Mechanismen der Traumentstellung, das heißt der Zensur. Sie kann gleichfalls nicht davon abstrahieren, was in der Erzählung des Traumes vom Erzähler ausgewählt und assoziiert wird oder davon, an welche Traumsequenzen der Erzähler anknüpft. Der Traum ist nicht einfach der Gegenstand, der nachträglich erinnert, vorgestellt und analysiert wird, sondern zur Deutung desselben gehört notwendig derjenige, der ihn erzählt und auf bestimmte Weise sich zu ihm in Beziehung bringt. Das heißt, es gehört das bestimmte Kräftespiel mit hinzugedacht, das den Erzähler veranlaßt, diese und nicht andere Traumfragmente zu erinnern und zu erzählen. Denn nicht nur der Träumer ist in das Szenario des Traumes, in den Konflikt von Wunsch und Abwehr verwickelt, sondern auch der Erzähler, der dem Traum nachträglich zum Ausdruck verhilft. Das bedeutet, in der Psychoanalyse kann es unmöglich – wie in der Archetypenlehre Jungs – eine feste, unverrückbare und unerschütterliche Stelle geben, an welcher der Konflikt von Wunsch und Abwehr stillgestellt wird oder sich nicht stets aufs Neue wiederholte und zu artikulieren suchte. Das bedeutet auch, faßt man den Gedanken der Traumentstellung einmal konsequent, daß er eine Relativierung der Traumdeutung als »Königsweg« zum Unbewußten einschließt; denn alles je Assoziierte vermittelt in gleicher Weise Aufschluß über die Ordnung unbewußter Konflikte.

Jung hingegen liest den Traum als authentischen Text, wobei dem manifesten Traum der ganze Sinn zugeschrieben wird. Der Traum, so Jung, stellt die »innere Wahrheit und Wirklichkeit« des unbewußten seelischen Prozesses so dar, »wie sie wirklich ist«. Der Traum ist nicht Fassade wie bei Freud, er offenbart die »innere Situation des Träumers, deren Wahrheit und Wirklichkeit das Bewußtsein gar nicht oder nur widerwillig anerkennt«. Eine Traumzensur findet nicht statt. Wie sollte, so geht Jungs rhetorische Frage in Richtung Freud, die Natur auch ein Interesse an Verstellung haben oder sich auch nur verstellen können?

Diese Frage provoziert natürlich die Gegenfrage: ist denn der Trauminhalt wirklich die »reine, unverfälschte Natur« des kollektiven oder persönlichen Unbewußten, wie Jung meint? Es mag ja vielleicht sein, daß die Natur sich nicht verstellen kann, nur – daß der Trauminhalt unverstellte Natur sei, dagegen spricht die Erfahrung. Ellenberger schreibt dazu in seiner groß angelegten Geschichte über die *Entdeckung des Unbewußten* sehr treffend:

»Wer eine Jungsche Analyse unternimmt, wird jungianische Träume haben, seinem Schatten gegenübertreten, seiner Anima und seinen Archetypen begegnen und seine Individuation anstreben« (Ellenberger, 994); wer sich indes in eine den Freudschen Prämissen angelehnte Therapie begibt, wird einer Welt von Symbolen, Texten und Bildern begegnen, welche die Herkunft aus dem Umkreis der Psychoanalyse ebensowenig verleugnen kann. Dieser Befangenheit versucht Freud wenigstens teilweise dadurch entgegenzuarbeiten, daß er den Mechanismus der Traumentstellung in den Mittelpunkt stellt und nicht die Deutung der Traumbilder selbst.

Für Jung liegt alles wesentliche Sein zuletzt vorbestimmt und gebannt im statisch geschlossenen Kreis archetypischer Gestalten. Das Wesen des Menschen wird auf eine Identität hin festgelegt: nämlich auf das Inventar universeller Symbole auf dem Grunde der Seele. Das Wesen bleibt über Raum und Zeit, Kulturen und Geschichtsepochen hinweg ein und dasselbe. Menschliches Sein ist archetypisches Bestimmtsein. Auch mit diesem identitätslogischen Vorurteil über den Menschen wiederholt Jung eine unhaltbar gewordene Position der traditionellen Metaphysik, der zufolge die geschichtliche Offenheit des Menschen negiert wird. Jung gibt vor, zu wissen, was der Mensch seinem Ursprung nach und in Ewigkeit ist und betont zugleich die Notwendigkeit, sich der Intentionalität des Ursprungswissens unterstellen zu müssen. Alles andere steht nämlich in Gefahr vom Bazillus des Rationalen, insonderheit der Zivilisation infiziert und von den Ursprüngen weggezogen zu werden. Die Mitglieder archaischer Kulturen, so Jung, sind dem Ursprung näher; das eben bezeugen die Mythen, die zwar als Produkte unbewußter Seelentätigkeit einen Himmel voller Götter und Dämonen erschaffen, aber in den Mythen der urtypischen Erfahrung unvermittelter zum Ausdruck verhelfen; keine Filter einer rationalen Lebensplanung scheinen die Zugänge zu den arché zu verstellen.

Zwar entfernt die Zivilisation im Urteil von Jung die Menschen unaufhaltsam von der lebendigen Wirklichkeit des Ursprungs, doch die Jungsche Wissenschaft des Unbewußten, welche die Urszenen in Mythen, Märchen und Träumen der Völker zu erinnern versteht, verspricht sogleich, einen Zugang zu besitzen, der es gestattet, die verschüttete Kommunikation mit den urtümlichen Bilderlebnissen wieder aufzunehmen. Denn die archetypischen Symbole dienen sich uns als spirituelle Führer an, um uns den Weg aus zivilisatorischer Befangenheit und neurotisch-egoistischer Verstrickung zu weisen. Zum Geraune der Ursprungsnähe gesellt sich eine (therapeutische) Praxis, die, wahrlich realitätstüchtig, verspricht, jene numinose Erfahrung soweit dem bewußten Erleben zugänglich zu machen, daß sie die Entfaltung der schöpferischen Individualität fördert und den Individuationsprozeß des einzelnen, das ist die Erweiterung des Ich zum ganzen Selbst, nachdrücklich vorantreibt.

Es erstaunt nicht weiter, auch in diesem Konzept auf jenes seltsame Jungsche Ideengemenge zu stoßen, das den Anspruch auf Wissenschaftlichkeit und Sinngebung, Mythos und Rationalität zugleich und ohne Abstriche einzulösen verspricht. Die Sensibilisierung für das religiös und mythisch eingefärbte Raunen über das wahre Selbst und die urtümlichen Bilder, die dem Leben Sinn, Richtung und Tiefe geben und einen Realitätssinn der zupackenden Art, demgemäß das Eingedenken des Ursprungs soweit operationalisiert wird, daß es sich psychologisch klassifizieren, mythologisch fundieren und therapeutisch nutzen läßt, diese Gemengelage erklärt die eigentümliche Faszination und Anziehungskraft, die nach wie vor von dieser Theorie und Praxis auszugehen scheint. Auf der einen Seite die Aura spiritueller Ergriffenheit und antiklerikalen Gottessuchertums, auf der anderen der Aufklärungshabitus einer Psychologie des Unbewußten, die sich auch der leidvollen Gegensatznatur der Seele stellt. Über allem, die Verschweizerung des Lebens und der Psychologie, die nicht vom Leitsystem einer realitätstüchtigen, positiven Leistungs-Moral abläßt, in deren vorgeordneten Rahmen, der Zielzustand, die Selbstwerdung des Selbst eingeschrieben wird; die einesteils vom Einbruch archetypischer Erfahrung und von der Berührung durch das Numinose erzählt, um andernteils mit beiden Beinen fest auf der Erde zu stehen.Was auf der Ebene der Theorie die widersprüchliche Einheit von Positivismus und Ursprungsdenken ist, ist im Rahmen der (therapeutischen) Praxis die Einheit von therapeutischem Kalkül und religiös getönter Sinnsucherei. Die Jungsche Therapie »ist ein

Heilsweg [...] und besitzt alle *Werkzeuge,* um die geringfügigste psychische Störung [...] zu beheben, wie den [...] folgenschwersten seelischen Krankheitsentwicklungen erfolgreich zu begegnen« Jacobi, 65). Es ist diese Gemengelage einer instrumentell bewährten Selbstverwirklichung, die gut ankommt und von ›new age‹ bis weit ins gesellschaftliche und politische Bewußtsein reicht. Sie läßt sich ohne Schwierigkeiten zu jenem fast magischen Denkdreieck programmierbarer Humanität erweitern, wenn man, in die durch die Theorie aufgebrachten Gegensätze, das Verbindungsstück, die zweckrational selbsterhaltende Vernunft, einrechnet, welche erst jenem Gemenge den nötigen Halt gewährt und sie im Horizont der Moderne zur Einheit von Ursprungspositivismus und funktional gesteuerter Selbst- und Sinnsuche zusammenschließt. Das läßt sich an Jung ausgezeichnet beobachten. Denn die Ursprungsnähe ist ein Nichts, wenn wir, die wir ursprungsfern sind, nicht Gelegenheit und Gewähr hätten, sie uns angelegen sein zu lassen und vermittels der zunächst verborgenen Finalität der archetypisch-symbolischen Führergestalten die geistig moralische Wende auch in unserem Leben herbeizuführen.

Mythos als Wunscherfüllung

Freuds Analysen des Mythos liegt die einfache Vorstellung zugrunde, daß Mythen Wünsche ausdrücken, die vielen oder allen Menschen gemeinsam sind; dies nicht im Sinn einer angeborenen Disposition, unbewußte Symbole zu erzeugen, sondern auf Grund einer anthropologischen Situation, die alle Menschen, in geringerem oder größerem Umfang, vor die Aufgabe stellt, psychische Konflikte zu bewältigen, die in der Geschichte der kindlichen Entwicklung angelegt sind. Die Konflikte resultieren, so Freuds anthropologische Prämisse, aus dem Zusammenstoß eines primär durch seine Triebwünsche bestimmten Individuums mit einer Umwelt, die unter dem Aspekt von Befriedigung und Versagung erfahren wird. Je nach dem, welches Schicksal die Triebwünsche oder Bedürfnisse erleiden, oder auf welche Weise die Befriedigungs- und Versagenserlebnisse verarbeitet werden, bildet sich eine Phantasiewelt von Wünschen, durch die hindurch die Realität wahrgenommen und praktisch angepaßt wird. Sozialisation ist das Einrücken der versagenden oder befriedigenden Realität (der anderen) in das Wunschstreben des Kindes. Wo der Weg der realen, altersspezifisch differenzierten Erfüllung des Triebwunsches versperrt ist, schafft die Phantasie einen Ausgleich und erzeugt Bilder und imaginäre Welten, die eine halluzinatorisch ausschweifende Wunschbefriedigung zulassen. Von solcherart Wunscherfüllungsstreben ist nach Freud die Genese der Mythen bestimmt. Mythen antworten auf unbefriedigte Triebwünsche; sie kompensieren Versagungserlebnisse. Wunscherfüllung auf der einen, Triebabwehr auf der anderen Seite, bilden den Grundstock der Freudschen Mytheninterpretation. Die Verallgemeinerung in Form einer mythischen Erzählung fällt eben deshalb so leicht, weil jene Geschichten wohl der Phantasie eines einzelnen entspringen, aber auf Grund der invarianten, strukturellen Gleichförmigkeit der psychischen Konflikte und Wunschregungen das bloß Subjektive überspannen und zum sublimierten und institutionalisierten Ausdruck überindividueller Wunscherfüllung werden.

Die Funktion der Phantasie wird von Freud weniger darin gesehen, selbstschöpferisch radikal neue oder alternative Möglichkeiten der ästhetischen Erfahrung oder Problemlösung zu antizipieren, als über die halluzinierte Erweiterung der Realität Triebwünsche abzuwehren. Daß der fiktiven Wunscherfüllung vermittels Phantasie eine Abwehr von Triebwünschen zugrundeliegt – um diesen Gedanken hat Freud das Alltagsverständnis der Einbildungskraft vertieft, das seit jeher von der Wunscherfüllungsabsicht der Phantasietätigkeit überzeugt war.

Wie der Traum verweisen die Mythen auf die Wiederkehr verdrängter oder abgespaltener Triebwünsche. Mythen inszenieren unterdrückte Wünsche. Sie bedienen sich dabei traumanaloger Verarbeitungsformen. Überhaupt gibt der Traum das Modell für die psychoanalytische Interpretation des Mythos ab. Karl Abraham, Schüler Freuds und Psychoanalytiker der ersten Generation, hat den Vergleich bereits 1909 in allen Einzelheiten durchgeführt.

Wie der Traum, so Freud, »ein Stück überwundenen infantilen Seelenlebens« darstellt, so ist es für die Mythen durchaus wahrscheinlich, »daß sie den entstellten Überresten von Wunschphantasien ganzer Nationen, den *Säkularträumen* der jungen Menschheit entsprechen« (GW VII, 222).

Freud deutet die Fortschrittsgeschichte des Menschengeschlechts nach Art der menschlichen Individualentwicklung. Die Menschheit wird als Kollektivsubjekt vorgestellt, das über Stufen sukzessiv verbesserter Realitätsanpassung das frühe, von Projektionen beherrschte Stadium mythischer Weltdeutungen ebenso gründlich abgestreift oder doch weit hinter sich gelassen hat, wie das Kleinkind seine frühe magische oder animistische Weltsicht. Die Regression während des Traumerlebens gestattet es, unterdrückte Wünsche, allen Maßnahmen der Zensur zum Trotz, halluzinatorisch zu befriedigen; entsprechend gewähren die Säkularträume der jungen Menschheit, die Mythen, eine kollektiv gleichsinnige Erfüllung der Wunschphantasien.

Die Analogiebildung nach Maßgabe des klinischen Blicks, in dem die Mythen in den Kontext der als regressiv gedeuteten Phänomene wie Dichtung, Religion und Ritus eingerückt werden, ist außerordentlich fragwürdig. Zunächst wegen der Unterstellung eines alle Differenzen übergreifenden, zwangsvereinigten Menschheitssubjekts und einer Norm, die einzig Standards einer bestimmten (okzidentalen) Rationalitätsentwicklung als Beurteilungsmaß des kulturellen Verhaltensniveaus gelten läßt. Zweitens vor allem, weil mit der Feststellung, Mythen seien in ein Netzwerk von Triebwünschen eingelagert, weder die sprachliche Form, in die sich die Wünsche kleiden, noch der ästhetische Gehalt, der mit den mythischen Erzählungen, dem griechischen Epos beispielsweise, einhergeht, einem Verständnis näher gebracht werden. Ebensowenig gelingt es, die geschichtsbildende, visionäre Kraft, die ein Teil der Mythen entfaltet, angemessen zu begreifen. Freud glaubt durch den Hinweis auf eine Wurzel der mythischen Geschichten, die Bedeutung der Mythen selbst entlarvt und entwertet zu haben. Dieser Anspruch aber überdehnt die Aussagekraft der genetischen Erklärung um ein Vielfaches. Eines ist es, im Affektuntergrund der Mythen, wie in allem menschlichen Verhalten, einen sexuell-erotisch eingefärbten Anteil der Triebwünsche zu identifizieren; etwas anderes ist es, die soziale Bedeutung zu entwickeln, die Mythen beispielsweise im Vorfeld einer Reichsgründung oder in der

Folgezeit für den Aufbau der kollektiven Identität eines Volkes haben.

Freuds große Leistung war die Entdeckung und Entschlüsselung sexueller Motive in allem menschlichen Verhalten; seine Wurzeln reichen, wann immer es sich Ausdruck verschafft, in einen Grund sexuell-erotischer Antriebe zurück. Kein Wort, keine Handlung, keine Geste ist davon ausgeschlossen; die sexuellen Strebungen fallen regelmäßig der Verdrängung anheim und kehren in entstellter Form auf allen Stufen individueller Selbstdarstellung wieder. Dieser Anteil sexueller Einlassungen bleibt nun gänzlich unbestritten, wenn man gleichwohl zu bedenken gibt, daß damit der Wahrheitsgehalt des Gesprächs oder die soziale Bedeutung einer Handlung oder einer mythischen Erzählung noch gar nicht aufgeklärt ist.

Religion ist Illusion

Einen analogen psychischen Mechanismus hat Freud für das den Mythen verwandte Phänomen der Religion entschlüsselt. Zwar sind Religion und Mythos nicht identisch, gleichwohl handelt es sich für die Psychoanalyse beide Male um eine anthropologisch verwurzelte Struktur, derzufolge aus realen Abhängigkeitsverhältnissen eine übersinnliche Welt geschaffen wird. In diesem Sinne hat Freud die Religion, vornehmlich die des Christentums, einer scharfen Kritik unterzogen. Diese Kritik trägt noch in allen Teilen die Züge des kämpferischen Atheismus des 19. Jahrhunderts. Dessen Absicht war es, durch Rückführung der Religion auf anthropologische und gesellschaftliche Verhältnisse sie selbst zum Verschwinden zu bringen, also, wie Feuerbach und Marx, das Dasein Gottes aus vernunftwidrigen und bedrückenden Voraussetzungen der menschlichen Existenz zu erklären. Der postmoderne Atheismus des 20. Jahrhunderts zeigt ein anderes Gesicht; seine Merkmale sind eher das Desinteresse und die absolut gleichgültige Haltung den Dingen der Religion gegenüber, wohlwissend und vertrauend auf Nietzsches Einsicht, derzufolge die sicherste Widerlegung diejenige ist, die den betreffenden Gegenstand hoheitsvoll auf Eis legt.

Religion wird von Freud als Illusion gebrandmarkt. Sie lehnt sich an eine universelle Disposition an, die das Kind in frühen Phasen seiner Entwicklung Ohnmacht und Hilflosigkeit gegenüber den Eltern erleben läßt. Die frühkindliche Abhängigkeit auf der einen und die Macht und Hilfsbereitschaft der Eltern auf der anderen Seite, bilden die Grundlage für die Übernahme religiöser Überzeugungen. »Die Psychoanalyse hat uns den intimen Zusammenhang zwischen dem Vaterkomplex und der Gottesgläubigkeit kennen gelehrt, hat uns gezeigt, daß der persönliche Gott psychologisch nichts anderes ist als ein erhöhter Vater, und führt uns täglich vor Augen, wie jugendliche Personen den religiösen Glauben verlieren, sobald die Autorität des Vaters bei ihnen zusammenbricht. Im Elternkomplex erkennen wir so die Wurzel des religiösen Bedürfnisses; der allmächtige, gerechte Gott und die gütige Natur erscheinen uns als große Sublimierung von Vater und Mutter, vielmehr als Erneuerungen und Wiederherstellung der frühkindlichen Vorstellungen von beiden. Die Religiosität führt sich biologisch auf die lang anhaltende Hilflosigkeit und Hilfebedürftigkeit des kleinen Menschenkindes zurück, welches, wenn es später seine wirkliche Verlassenheit und Schwäche gegen die großen Mächte des Lebens erkannt hat, seine Lage ähnlich wie in der Kindheit empfindet und deren Trostlosigkeit durch die regressive Erneuerung der infantilen Schutzmächte zu verleugnen sucht. Der Schutz gegen neurotische Erkrankung, den die Religion ihren Gläubigen gewährt, erklärt sich leicht daraus, daß sie ihnen den Elternkomplex abnimmt, an dem das Schuldbewußtsein des einzelnen wie der ganzen Menschheit hängt, und ihn für sie erledigt, während der Ungläubige mit dieser Aufgabe allein fertig werden muß« (GWVIII, 195). Mit einem Wort, Religion ist ein infantiler Schutzwall gegen Hilflosigkeit. Wie das Kleinkind als objektiv hilfloses Geschöpf gegenüber den Eltern eigene Unzulänglichkeit durch Phantasieren magischer Omnipotenz überwindet, so entlastet sich der religiöse Mensch von seiner Unfähigkeit, dem Leben illusionslos gegenüberzutreten, durch Projektion der Allmachtsgefühle auf Gott. Derart übernimmt die Religion als kulturelle Institution eine dreifache Entlastungsaufgabe: sie unterstützt die Abwehr und Lösung von Angst, weil sie hilft, den Schrecken der Natur zu bannen, sie versöhnt den Menschen mit der Grausamkeit des Schicksals und verheißt eine Entlohnung für die Leiden, die den Menschen im Verlauf des Lebens unweigerlich zustoßen (Vgl. GW XIV, 339). Diejenigen Menschen, die an religiösen Überzeugungen partizipieren, ziehen aus dieser Institution einen psychischen Nutzen; was bei areligiösen Personen leicht zu einer individuellen Neurose auszuschlagen droht, verschwindet oder kompensiert die Religion als kollektive Illusion: sie dient der fortlaufenden Wiederherstellung psychischen Gleichgewichts. Religion ist nicht Irrtum, nicht Wahnidee, sie ist eine Illusion, weil sie die Herkunft religiöser Bindungskräfte und Gefühle aus infantiler Wunscherfüllung nicht durchschaut.

Daß Religion sich auf Anthropologie reduzieren lasse, diese These hatte für die neuere Philosophie bereits Ludwig Feuerbach um die Mitte des letzten Jahrhunderts in aller Deutlichkeit ausgesprochen. Dieserart Urteil über die Religion ist viel älter; es läßt sich bis Xenophanes' Kritik an der homerischen und hesiodschen Mythologie zurückverfolgen. Auch Aristoteles hegte die Vermutung, daß die Lebensformen der Götter denen der Menschen nachgebildet sind: »Von den Göttern sagen aus dem Grund alle, sie würden von einem König regiert, weil sie selbst teils noch jetzt, teils in alter Zeit von einem König regiert wurden. Und wie die Menschen die Gestalten der Götter nach ihrem eigenen Bilde vorstellen, so halten sie es auch mit den Lebensformen der Götter« (*Politik*, 1. Buch, 1252b).

Für Feuerbach liefert die Anthropologie, das Wissen um das Wesen des Menschen, den Schlüssel zur Religionskritik, denn sie demonstriert, daß der Glaube an Gott, wie Feuerbach sagt, »nur im Elend der Menschen seine Geburtsstätte hat.« Das heißt, vor allem sagt die Religion etwas über den Menschen, seine Abhängigkeitsgefühle und Wünsche. In der Religion werden die Eigenschaften, die der Mensch in nur unvollkommener Weise besitzt, ideal gesetzt und als Prädikate Gottes angeschaut. Nach dem Ideal seiner Wünsche erschafft sich der Mensch Gott. In der Religion entäußert und entfremdet sich der Mensch seines wirklichen sinnlichen Wesens. Erst die Anthropologie, die die theologisch begründete Metaphysik als Grundwissenschaft ablöst, entlarvt die göttlichen Prädikate als Bestimmungen menschlicher Projektionen.

Feuerbach, Freud und Jung wiederholen im Rahmen der Anthropologie und Psychologie die neuzeitliche Stellung des Gedankens zur Objektivität, in dem sie alles, was beansprucht, objektiv wahr zu sein, als durchs Subjekt, seine affektiven und kognitiven Kompetenzen entworfen sein lassen. Der Religionskritik wie der Mythenanalyse liegt gleichermaßen die Idee zugrunde, daß alle Gottheiten und Dämonen, also die ganze himmlische Familie, Projektionen unaufgeklärter menschlicher Wünsche sind, oder – das unbewußte Seelenleben der menschlichen Natur der undurchschaute und letzte Grund für den alle Realität übersteigenden Entwurf himmlischer Mächte ist. »Immer klarer«, schreibt Freud, »erkannte ich, daß die Geschehnisse der Menschheitsgeschichte, die Wechselwirkungen zwischen Menschennatur, Kulturentwicklung und jenen Niederschlägen urzeitlicher Erlebnisse, als deren Vertretung sich die Religion vordrängt, nur die Spiegelung der dynamischen Konflikte zwischen Ich, Es und Über-Ich sind, welche die Psychoanalyse beim Einzelmenschen studiert, die gleichen Vorgänge, auf einer weiteren Bühne wiederholt« (GW XVI,33).

Diese Denkform, mythische und religiöse Phänomene als Projektionen oder Reflexe innerer (psychischer) Affekt- oder äußerer (gesellschaftlich bestimmter)-Bewußtseinslagen aufzufassen, ist für den Aufklärungsdiskurs der Moderne insgesamt bezeichnend. Die Erinnerung an Marx oder Durkheim genügt, um sich die Präsenz und die stumme Macht der Projektionstheorie zu vergegenwärtigen, die sie auch auf dem Felde des Sozialen besitzt. Die Ursprünge freilich, lassen sich, wie erwähnt, bis in die Antike zurückverfolgen.

Zugegeben, es ist kein Kunststück, jenen Denkschematismus gegen die Urheber selbst zu kehren und zu fragen, in wie weit Jung und Freud selbst in der Lage sind, den Projektionsmechanismus in ihrer Argumentation zu entkräften.

Die Psychoanalyse hat ein gutes Stück Aufklärung geleistet, als sie den Götterhimmel entzauberte. Das sei ihr unbenommen. Aber hat sie nicht gleichzeitig die himmlischen Autoritäten und mythischen Mächte in der menschlichen Seele wiederauferstehen lassen?

Sind nicht Ich, Über-Ich und Es neue mythische Wesen, den Gottheiten und Dämonen, die einst den Götterhimmel bevölkerten, spiegelbildlich nachempfunden? Sollten Jungs Archetypen nicht selbst noch Animismen sein, triebhafte Geister oder Partialseelen, die freilich jetzt im Inneren, dem mythischen Ursprungskreis der Seele um Vormachtstellung und Privilegien kämpfen wie einst die Götter Griechenlands am lichtdurchfluteten Himmel der Ägäis? Ist nicht die ganze, geheimnisvollen unbewußten Kräften unterworfene Innenwelt noch ein Stück antik-orakelnder Götterhimmel, der, nachdem die Götter in der äußeren Schale des Weltraums weder Ort noch Wahrheit haben, in die menschliche Brust gescheucht wurde, in eine Art mythopoetologisches Refugium, das nur darauf wartet, in einem neuen Entmythologisierungsschub aller Poesie entkleidet zu werden?

Freud und Jung übersehen das Aufklärungsvorurteil, das in der tiefenpsychologischen Analyse des Mythos steckt. Sie tun in Theorie und Praxis nichts anderes als die frühen Mythendichter: nun wird der einzelne von seinem »Schatten« begleitet, präformieren die anima oder der animus die Wahrnehmung des anderen Geschlechts, und der alte, selbstsüchtig-aggressive Adam der jüdisch-christlichen Theologie wird in die Gestalt des ›Es‹ transformiert. Die schwache oder starke Stimme des Über-Ich kündet nicht mehr von der Präsenz Gottes, sondern vom Einspruch der verinnerlichten väterlichen Autorität – dazwischen aufgespannt das arme gequälte Ich, das, mühsam genug, über die Regelung der Beziehungen mit der Außenwelt, den Anforderungen der Realität genüge zu leisten versucht, aber auch den andrängenden Dämonen und Höllenhunden der Unterwelt das ihnen zustehende Recht der sinnlichen Natur zukommen lassen muß, da sie es ansonsten zerreißen und mit ins Verderben, in den gottfernen Feuerschlund der Sünde und der Psychose ziehen. Auch diese Erzählungen erfüllen mythische Bedürfnisse; über die Ökonomie und Topik des Unbewußten läßt sich so vortrefflich streiten, wie über die Absichten der Götter.

Mythologisch – gemessen an den Aufklärungsstandards, die Freud und Jung unterstellen – ist auch die Analyse des Ich, derart, daß die Körper durch einen oder mehrere ihnen innewohnende Geister, seien es Triebe, Partialseelen oder abstrakter, ›Instanzen‹, bewegt und zu Handlungen veranlaßt werden. Überhaupt finden wir die Triebe samt der Wirkungen an die Stelle gerückt, an der einst die göttlichen Mächte als wirkend gedacht wurden.[2] Der Begriff der Ursache selbst, der im Vorfeld des Projektionskonzepts notwendig vorausgesetzt werden muß, ist ein Relikt aus vorwissenschaftlicher Zeit. An seiner statt kommt die funktionale Analyse von Relationen zu stehen, die nur noch behauptet, daß verschiedene Zustände, Vorgänge oder Ereignisse dazu tendieren, in einer gewissen Ordnung zusammen aufzutreten. Zusammengefaßt, die tiefenpsychologisch aufgeklärte Zurücknahme des Götterhimmels in die menschliche Seele ist nicht weniger von Projektionen begleitet als die antike Umwandlung von Naturkräften und Gefühlen in Göttergestalten.

Einwände wie die gerade vorgetragenen sind von mitkonkurrierenden Wissenschaften gegen die Psychoanalyse erhoben worden. Sie machen sich erneut die Projektionstheorie zunutze und suchen psychoanalytische Begriffe dadurch zu entwerten, daß sie sie auf mythenanaloge Denkweisen und Zusammenhänge zurückführen; sie zeigen, daß es sich bei diesen Wissensbeständen gar nicht um Wissenschaft handelt. Unangetastet bleibt der fragwürdige Deutungsschematismus des Begriffs selbst, einschließlich der begrifflichen und historischen Voraussetzungen, auf denen er beruht.

Daß der Kritik, wenn man die Vorzeichen umkehrt, eine relative Berechtigung zukommt, wird sich später zeigen.

[2] Um nicht mißverstanden zu werden: Mit einer Dämonologie vergleichbarer Art haben auch kognitionswissenschaftliche Theorien der ›höheren‹ kognitiven Funktionen, zum Beispiel Modelle der Informationsverarbeitung zu kämpfen. Das ist kein Privileg der Psychoanalyse. Auch sie werden die ›Gespenster in der Maschine‹ oder die ›Homunculi‹ nicht los, welche die Aufmerksamkeit steuern, mentale Repräsentationen metakognitiv begleiten oder intentional zur Wiedererkennung von Wahrnehmungsmustern beitragen.

Jung macht die Annahme, daß eine Welt, in der die Mythen das Realitätsverständnis prägen, eine Welt der Phantasie ist, die sich wenig um den äußeren Gang der Dinge bekümmert (GW 7,29,30). Freud erklärt, das Verhaltensniveau eines Neurotikers und das eines Mitglieds ›primitiver‹ Kulturen seien vergleichbar; in beiden Fällen gelte nicht die (gemeine) objektive Realität als Bezugssystem, sondern die Vorherrschaft des Phantasielebens und die von unerfüllten Wünschen getragene Illusion (Vgl. GW XIII, 85). Beide projizieren auf geradezu beklemmende Weise den Wirklichkeitshorizont der Aufklärung, der ihre Urteile trägt, auf neuzeitferne Bewußtseinslagen.

Unser Interesse richtet sich aber *nicht* auf eine Kritik der Projektionsinhalte; sie lassen sich dadurch entkräften, daß man zu bedenken gibt, daß jede Kultur ein höchst komplexes soziales System ist, innerhalb dessen jedes Element der Kultur seine spezifische Bedeutung erst über die Beziehung zu allen anderen erhält, das heißt, ein synthetisches Ganzes ist, welches nicht mit einer Norm konfrontiert werden kann, die sich im Rahmen eines anderen sozialen Systems über die Kriterien ›normal‹ und ›anormal‹ entwickelt hat.

Die Aufmerksamkeit soll vielmehr dem Mechanismus selbst gelten, der, um als Erklärungskonzept wirksam fungieren zu können, einige fundamentale Voraussetzungen einführen muß, die den Begriff selbst ins Zwielicht setzen. Zunächst teilen Freund und Jung mit der Erkenntnistheorie der Aufklärung auch das Vorurteil derselben: daß die Vernunft in Gestalt der Wissenschaft die einzig legitime und unbezweifelbare Basis aller Wirklichkeitsurteile sei; ferner, es könne strikt die an sich seiende, objektive und von aller Einbildungskraft freie Wirklichkeit von der phantasiebedingten Welt mythischer und religiöser Phänomene unterschieden werden und gerade diese Leistung sei das vorzügliche Resultat einer Psychologie als Naturwissenschaft.

Ebenso erzwingt der Gebrauch des Projektionsbegriffs den Einsatz und die Geltung der nicht weniger bedeutsamen, komplementären Begriffspaare wie Subjekt und Objekt, Innen und Außen. Denn es muß klar sein, was zweifelsfrei der einen, was der anderen

Seite zugerechnet werden muß. Ansonsten kann der Projektionsbegriff seine Erklärungskraft nicht entfalten. Das Subjekteigene muß sich, ohne in der Zuordnung unklar zu sein, vom Subjektfremden isolieren und abtrennen lassen. Die Handlung der Projektion besteht ja in der unrechtmäßigen Übertragung unbewußter Inhalte des Subjekts (welche dasselbe abwehrt und in sich verleugnet) auf ein Objekt, dem sie nicht zugehören.

Jede Erfahrung, die gemacht wird, muß sich entweder auf die eine oder die andere Seite stellen lassen. So gehören Gefühlszustände eindeutig der Subjektseite an; sie im Raum außerhalb der uns umgebenden Welt zu erfahren, erregt den Verdacht einer pathologischen Reaktion. Einen Zwischenraum unbestimmter Erfahrung gibt es nicht.[3]

Um die Situation vollständig aufzuklären, müßten freilich noch eine Reihe weiterer Implikationen der Vorstellungs- und Bewußtseinstheorie über die geistige Natur des Subjekts und das sich als Projektionsfläche anbietende Objekt genannt werden. Das würde diesen Rahmen sprengen. Es genügt als Ergebnis festzuhalten, daß der Projektionsbegriff es notwendig macht, alle Realität in Subjekt und Objekt, Innen und Außen, sinnlich und übersinnlich zerteilt sein zu lassen – tertium non datur, ein Drittes gibt es nicht.

Solcherart Annahmen über die dichotome Struktur der Realität haben sich tief in die Bewußtseinslage der cartesischen und nachcartesischen Welt eingegraben; es sind gleichsam unkorrigierbare Aussagen, die innerhalb eines bestimmten, historisch begrenzten Epochenrahmens ein Apriori bilden und der Bedeutung sehr nahe kommen, welche die Mathematiker den Axiomen gegeben haben.

---

[3] Auf diese Weise entbirgt sich unversehens auch der moralische Kern des erkenntniskritischen Postulats, das im Untergrund des Begriffs unausgesprochen verlangt, dieselbe zurückzunehmen. Sie nicht wieder rückgängig zu machen, widerspräche aller Vernunft. Das Projektionskonzept synthetisiert also den guten Sinn wissenschaftlicher Aufklärungsarbeit am Menschen mit der Moral der selbsterhaltenden Vernunft der Neuzeit, die im Umkreis der Begriffe von Subjekt und Objekt selber gegenwärtig und wirksam ist. Als praktische Vernunft ist sie der Grund, der jenen Begriffen Plausibilität und Realitätsgehalt übermittelt.

Sie gelten als intersubjektiv oder fraglos geteilte, realitätssichernde Hintergrundannahmen, mit denen wir wie selbstverständlich und ohne diesen Akt jedesmal mit Bewußtsein zu begleiten, die Realität daraufhin abfragen, wie sie kategorisiert werden muß.

Nun liegt immerhin die Vermutung nah, daß Völker oder Stammesgemeinschaften, für die Mythen zum handlungsorientierenden Bestand der Lebenspraxis gehören, andere als durch die Projektionstheorie aufgebrachte Kategorien unterstellen, um ihre Realität zu organisieren. So macht beispielsweise die für die Psychoanalyse der Mythen basisbildende Unterscheidung von sinnlicher und übersinnlicher, natürlicher und übernatürlicher Welt für eine Vielzahl archaischer Kulturen schon deshalb keinen Sinn, weil sie beide Bereiche nicht von einander zu scheiden wissen; Totengeister, Naturgeister, Gottheiten und unfaßbare Mächte sind ein fester Bestandteil des normalen oder gewöhnlichen Alltagslebens. Sie sind ebenso real wie Personen oder die Gegenstände des täglichen Verkehrs (Vivelo, 255).

Anlaß zu einiger Skepsis gegenüber den Kategorisierungen von Subjekt und Objekt, Innen und Außen bietet seit langem die Sprache. Läßt sich die sprachliche Kommunikation zwischen Menschen überhaupt derart klassifizieren? Oder existiert sie vielleicht in jenem Zwischenraum, den es, dem Schematismus der Begriffe nach, gar nicht geben dürfte? Und enthält der Einsatz der Sprache zum Zwecke der Kommunikation unter der Oberfläche rationalen Informationsaustausches nicht noch alle Merkmale einer magisch-rituellen Praxis? Zeugen nicht die Wortfetischismen des (wissenschaftlichen und philosophischen) Jargons von der schon sprichwörtlichen Magie des Wortes und dem Wunsch, den Bann zu brechen, den die stumme Gewalt der Dinge über sie verhängt hat? An der Kommunikation läßt sich in vielen Augenblicken ablesen, wie lebendig das mythische Denken noch heute ist; es kommt nicht zuletzt in dem Wunsch zum Ausdruck, vermittels der Worte Macht und Einfluß über Personen und Dinge zu gewinnen.

Einen anderen Fingerzeig hält die alltägliche Erfahrung bereit. Jeder kennt die Situation, in der es uns nicht gelingt, uns von außergewöhnlichem Erleben oder beeindruckenden Bildern freizumachen. Wie schwere Träume oder ein erschütternder Anblick hängen uns diese Ereignisse nach und grundieren unsere Erfahrungen mit einer Substanz, die, ob wir wollen oder nicht, uns eine bestimmt-unbestimmte Gefühlslage aufdrängt. Es ist, als ob man im Umkreis einer Erfahrung, einer Person oder Szene stünde, die einen mit Macht in ihren unheimlichen Bann geschlagen hat und der man sich einfach nicht entziehen kann. Von der man aber nicht eigentlich sagen kann, sie sei *in* mir; sie umgibt mich, sie bleibt in mehr als einer Hinsicht ein unbestimmtes Empfinden und eine schwer zu durchdringende Erfahrung, an der die gewohnten realitätssichernden Unterscheidungen außer Kraft gesetzt erscheinen. Man fühlt sich als Gefangener der Emotionen auslösenden Erschütterungen des Gemüts, welche einen in eine ungleichzeitige Erfahrung stellen. An den übermächtigen Eindruck gebunden, hinkt man gleichsam hinter der Erfahrung der aktuellen Situation, das heißt, den Realitätsanforderungen und Anpassungszwängen hinterher.

Scheinen nicht an solcherart prägnanter, aber unbestimmter Realität die mythischen Erzählungen sich abzuarbeiten? Spricht Blumenberg in seinem Buch *Arbeit am Mythos* nicht genau das an, wenn er schreibt: »Wenn überhaupt etwas diese sprachliche Zuschreibung verdient *Es geht mir nach,* so ist es die archaische Imagination, was immer auch in ihr erstmals bearbeitet worden sein mag« (Blumenberg, 68).

Es ist unter Mythenforschern ganz unstrittig, daß Mythen unter anderem die Aufgabe erfüllen, das Unvertraute und den Menschen Ängstigende durch Namengebung und Geschichtenerzählen zu bewältigen. Mythen depotenzieren die relative Übermacht der Natur; sie verringern die Furcht vor dem Unbekannten, in dem sie das Nichteinzuordnende sprachlich abarbeiten, das Unheimliche vertraut machen, den Schrecken mit Zauber und Riten beschwören und die archaische Fremdheit, die stets auf dem Sprung steht, wieder aufzubrechen, zu überwinden trachten.

Diese anders strukturierte Weltsicht, der Realität zu begegnen, läßt sich, wenngleich nur ein Stück weit, auch über einen anderen Weg nachvollziehen.

Georg Picht hat in seinen Vorlesungen über *Kunst und Mythos* darauf hingewiesen, daß die Affekte den Griechen als Götter oder göttliche Mächte erscheinen, und am Affekt des Schreckens, verkörpert durch den (Kriegs-)Gott Phobos, gezeigt, wie das »vom Schrecken ergriffen sein«, »fliehen«, »entsetzt sein«, »in Panik geraten« den Zwischenzustand einer unheilvoll-drohenden Wirklichkeit beschreibt, in dem zwei feindliche Heere gegeneinanderrücken. »Im Felde dieser kaum zu ertragenden Spannung erscheinen beide Parteien einander bedrohend und voneinander in Schrecken versetzt. Niemand kann vorauskalkulieren, nach welcher Richtung die Spannung sich entladen wird und welche Partei, von panischem Schrecken ergriffen, flüchten muß. Aber eines ist deutlich: die Spannung, die sich zwischen den beiden Heeren erzeugt, ist etwas völlig anderes als ein Affekt in der Brust jedes einzelnen Kriegers. Jeder, der einmal miterlebt hat, wie eine Masse in Panik gerät, weiß, daß eine solche Panik von jedem Einzelnen, der daran beteiligt ist, als eine fremde Macht erfahren wird, die über ihn kommt, derer er sich nicht erwehren kann, von der er sich überwältigt fühlt, und die ihn zwingt, im Widerspruch zu seinem eigenen Gefühl, zu seiner eigenen Einsicht und zu seinem eigenen Charakter zu handeln. Wenn die Panik vorbei ist, sagt er: ›Ich weiß gar nicht, was mit mir geschehen ist‹« (Picht, 443). Am Phänomen der Masse oder der Massenpsychose lassen sich ähnliche Vorgänge beobachten. Auch die Masse verhält sich, als hätte sie eine Kollektivseele. Ein Subjekt derselben kann nicht genannt werden oder vielmehr ist es das Kraftfeld, das sich zwischen den einzelnen Individuen der Masse aufgebaut hat. Picht fährt fort: »In Wirklichkeit ist die Sachlage [...] genau so, wie Homer sie darstellt: der Phobos ist eine Macht, die in der Mitte zwischen beiden Heeren auftaucht, wenn sie gegeneinander anrücken. Weil jeder Krieger in beiden Heeren die Erfahrung macht, daß diese Macht stärker ist als er selbst, nannten die Griechen sie ›Gott‹, denn göttlich ist alles, was übermenschlich ist« (Picht, 443, 444). Auch hier zeigt sich letzten Endes, wie unangemessen sich die cartesischen Begriffe von Subjekt und Objekt, Innen und Außen, Sinnlich und Übersinnlich einer Realität gegenüber ausnehmen, die sich von anderen Wirklichkeitsvorstellungen leiten läßt.

Zurück zu Freud und zur Hauptlinie der Argumentation. Ich hoffe, es ist deutlich geworden, inwiefern erstens der psychoanalytischen Deutung der Mythen als Wunschprojektionen selbst unaufgeklärte Projektionen zugrundeliegen, zweitens der Zirkel der Projektion in der Kritik der psychoanalytischen Interpretation nur dann relativiert werden kann, wenn seine Struktur nicht nochmals bewußtlos wiederholt, sondern über die Analyse der konzeptuellen Voraussetzungen problematisiert wird. Drittens wurde in der Auseinandersetzung mit den Mythen angedeutet, wie tief weltbildbestimmende begriffliche Abstraktionen unseren Zugang zur Realität schematisieren und die mythische Wirklichkeit verstellen. Ferner war davon die Rede gewesen, daß einzig in der Gestalt der Umkehrung, die Kritik der Wunschprojektionstheorie eine relative Berechtigung hätte. Daran soll im folgenden angeknüpft werden.

Das Recht der umgewendeten Kritik besteht darin, daß jede gehaltvolle wissenschaftliche oder philosophische Theorie seit Platon, die auf ihre Grundlagen reflektiert, zuletzt auf eine Art Hintergrundstrahlung stößt, die mythische Zusammenhänge und unscharfe Bilder erkennen läßt. Anders gesagt: Aufklärung muß auch in Form neuzeitlicher Wissenschaft in ihren Voraussetzungen ständig auf mythische Bestandteile zurückgreifen; Aufklärung kann daher gar nicht in Gegensatz zum Mythos gebracht werden.

Freuds Verhältnis zu dieser These ist gleichfalls äußerst ambivalent; einerseits hängt er dem aufklärerischen Gedanken an, Mythen seien Geschichten aus der Kindheit des Menschengeschlechts; andererseits läßt sich das Bewußtsein bedrückender Nähe zu den Mythen und ihren Erfahrungsgehalten gar nicht abhalten. Davon zeugt der Rückgriff auf den Ödipus-Mythos.Der Übergang von Aufklärung in Mythos läßt sich in Freuds Theorie gleich auf mehrfache Weise und auf verschiedenen Ebenen der Theoriebildung demonstrieren. An dieser Stelle müssen wiederum einige Andeutungen genügen.

Freud schreibt: »Die Trieblehre ist sozusagen unsere Mythologie. Die Triebe sind mythische Wesen, großartig in ihrer Unbestimmtheit. Wir können in unserer Arbeit keinen Augenblick von ihnen absehen und sind dabei nie sicher, sie scharf zu sehen« (GWXV, 101). Unbestimmt sind sie, »weil Triebregungen aus einer Quelle sich anderen Quellen anschließen und deren Schicksal teilen«, »eine Triebbefriedigung durch eine andere ersetzt werden kann« und Triebziel und Triebobjekt gegen andere vertauscht werden können, also »eine gewisse Art von Modifikation des Ziels und des Wechsels des Objekts,« (GWXV 103), das heißt Sublimierung der Triebregungen stattfindet. Freud grenzt sein Triebkonzept scharf von biologischen Instinktvorstellungen ab, weil, wie gerade das sexuelle Verhalten belegt, Objekte austauschbar und Befriedigungsformen ausgesprochen variabel sind.

»Die Trieblehre ist sozusagen unsere Mythologie«. Das kleine Wörtchen ›sozusagen‹ ist aufschlußreich; es mit A. Mitscherlich im Sinne einer vorläufigen Arbeitshypothese zu deuten, überspielt die (doppelsinnige) Provokation, die darin besteht, daß im Wahrheitszentrum der Psychoanalyse sich die Trieblehre in der Rolle der Mythologie wiederfindet, gleichsam deren Stelle besetzt. Die Mythologie erst verschafft der Tiefenpsychologie den hintergrundsichernden Halt in Aussagenkomplexen, die unbestimmt und vage, spekulativ und bildersprachlich bleiben. Diese Bindung freilich an mythologische Weltsichten sollte man nicht in jedem Fall als Einwand gegen die Psychoanalyse sehen. Freud gesteht sich ein, daß mit der Psychoanalyse der Triebe eine Grenze erreicht ist, an der alle Rede Spekulation und (kosmologische) Mythologie wird.

Am eindringlichsten enthüllt sich dieser Grundzug an den metapsychologischen Überlegungen Freuds, die die Aufgabe haben, Rechenschaft über die theoretischen Grundlagen der klinischen Praxis abzulegen. Für wie zentral Freud die, wie er sie nennt, »Hexe Metapsychologie« hält, belegt die nachstehende Äußerung: »Ohne metapsychologisches Spekulieren und Theoretisieren – beinahe hätte ich gesagt: Phantasieren – kommt man hier keinen Schritt weiter« (GWXVI, 69). In der kleinen Schrift *Jenseits des Lustprinzips*, in der es, im Kontext von Überlegungen zur Lust/Unlust-Regulation alles Psychischen, um die Aufklärung des kindlichen Wiederholungsspiels geht, gerät Freud fast wider Willen immer tiefer in mythologische Spekulation, die zuletzt bei der Annahme zweier universeller kosmischer Lebensmächte, Eros und

Todestrieb, endet. Alles Leben strebt zurück in diesen zweifachen Ursprung und gehorcht seit Anbeginn der Zeiten diesen, die Triebkräfte wie alles Lebendige umfassenden Wirklichkeitsprinzipien.

Die psychoanalytische Triebmythologie selbst dokumentiert, wie Unwissenheit in spekulativer Theoriebildung überspielt wird. Die intuitiven Unterscheidungen am Triebbegriff nach Quelle, Drang, Ziel und Objekt können nicht materialistisch-objektiv, das heißt physiologisch rückgegründet werden, obwohl allein dieser Anspruch sie in den Augen Freuds wissenschaftlich legitimieren könnte. Immer wieder muß die »Hexe Metapsychologie« aushelfen.

Mythischer Natur sind auch die Triebe selbst. Sie wirken da, wo früher die Gottheiten wirkten; sie sind ähnlich unberechenbar wie diese und stehen den Göttern an Dämonie und Verwandlungskraft in nichts nach. Daher kann Freud völlig zu Recht auch keinen Augenblick sicher sein, »sie scharf zu sehen«. Als ›nicht scharf zu sehende‹ Wesen entziehen sie sich der üblichen wissenschaftlichen Operationalisierung.

Ein anderer Hinweis, wie Aufklärung in Gestalt der Wissenschaft in Mythos übergeht, bezieht sich auf den eigentümlichen Zwang, mit der die Tiefenpsychologie sich auf eine Bildersprache verwiesen sieht, sobald sie es unternimmt, über die Deutung der Symptome die unbewußte, rhizomartig verzweigte Grammatik des Konflikts von Wunsch und Abwehr zu entschlüsseln. Schopenhauer war bereits bei seiner Unternehmung, in die Welt des Willens einzudringen, auf diesen Umstand aufmerksam geworden, daß, je weiter uns die Wege in die begehrliche Welt des dunkeln sexuellen Willensdranges führen, wir desto stärker auf solches, dem rationalen Diskurs abwegiges Gelände geraten. Zuletzt sind es nur noch Analogien, Bilder, Gleichnisse und Allegorien, die uns eine Ahnung von dem vermitteln, dessen Rätselsprache wir nur unvollständig kennen. Zu einer solchen Einsicht sieht sich auch Freud gedrängt, der gleichwohl, im Gegensatz zu Jung, an der nüchternen wissenschaftlichen Analyse festhält, auch dort, wo er der mythologischen Elemente seiner Theorie ansichtig wird.

An einer Stelle gar spricht Freud unverhohlen davon, das Ausgrenzungsverdikt der Wissenschaft über den Mythos zu revidieren. In dem denkwürdigen Briefwechsel mit Albert Einstein *Warum Krieg?* heißt es: »Vielleicht haben Sie den Eindruck, unsere Theorien seien eine Art von Mythologie, nicht einmal eine sehr erfreuliche in diesem Fall. Aber läuft nicht jede Naturwissenschaft auf eine solche Art von Mythologie hinaus? Geht es Ihnen heute in der Physik anders?« (GWXVI, 22). Die Antithese von Mythos und Wissenschaft ist Schein. Sie zergeht auch an dem teils theologisch-mythisch, teils kosmologisch vorentworfenen und in die Metaphysik zurückweisenden Interpretationshorizont neuzeitlicher Naturwissenschaft. Die Rede von den mythischen Restbeständen, mit der viele Psychoanalytiker den Skandal herunterzuspielen hoffen, offenbart nur das schlechte Gewissen derer, die insgeheim dem positivistischen Wissenschaftsideal anhängen und fürchten, in einer szientifisch orientierten Gesellschaft, Wissenschaftlichkeit und Reputation zu verlieren, sobald auf die mythisch-narrativen Kerne der Analyse aufmerksam gemacht wird, anstatt offensiv zu zeigen, daß jene Ahnengalerie berühmter Geister von Kopernikus und Galilei über Newton bis Einstein niemals Theorien hervorgebracht hat, die ohne Metaphysik und mythenverwandte Einlassungen kohärent zu existieren vermochten.

VII

Psychoanalyse und Religion

Vermittlungsversuche negativ

In einem Brief vom 9. Oktober 1918 stellte S. Freud seinem langjährigen Freund, dem Züricher Pfarrer und Laienanalytiker Oskar Pfister die Frage: »Ganz nebenbei, warum hat keiner von all den Frommen die Psychoanalyse geschaffen, warum mußte man da auf einen ganz gottlosen Juden warten?« Diese rhetorische Frage Freuds bildet den Inhalt eines schmalen Buches von Peter Gay über S. Freuds Atheismus. Sie führt, Freuds ausweichender Rhetorik folgend, den amerikanischen Kulturhistoriker Gay dazu, sie in drei »Leitsätze« zu zerlegen; sie enthalten zugleich die Antwort: »Freud entdeckte die Psychoanalyse als Atheist« (Gay, 40) und, weitergehend, der Schöpfer der Psychoanalyse mußte gottlos sein; ein Gläubiger hätte die Psychoanalyse nicht schaffen können. Zweitens, Freud macht seine folgenschwere Entdeckung als jüdischer Atheist, doch das jüdische Erbteil bzw. die jüdische Identität spielten, wenn überhaupt, dann nur eine untergeordnete Rolle. Drittens, vom wissenschaftlichen Standpunkt Freuds aus gibt es letztlich keine Gemeinsamkeit versprechende Verhandlungsbasis zwischen (Religion) Theologie und Psychoanalyse; der immer wieder anvisierte, gemeinsame Boden zwischen Psychoanalyse und Glauben ist »ein schwankender, verräterischer Morast, in dem beide versinken müssen« (Gay, 122). Gay belegt die Unvereinbarkeit von Psychoanalyse und Theologie indirekt in dem er die Geschichte der Abgrenzung und Annäherung sowohl vom theologischen wie psychoanalytischen Standpunkt aus dokumentiert. Vornehmlich zwei Positionen der modernen Theologie finden Erinnerung: der religiöse Sozialismus P. Tillichs und der liberale Protestantismus O. Pfisters.

Da Freud die Psychoanalyse für eine Wissenschaft hielt, war er folgerichtig auch der Auffassung, daß alle Vermittlungsversuche zwischen Religion und Psychoanalyse zum Scheitern verurteilt seien, da beide auf unvereinbaren Grundsätzen und Weltansichten beruhten.

Mit diesem Urteil könnte es sein Bewenden haben, wäre da nicht das Unbehagen, daß sich der Historiker und Psychoanalytiker Gay bis zur Ununterscheidbarkeit mit den Auffassungen Freuds identifiziert und seine Rekonstruktion in eine Perspektive einrückt, die, ein halbes Jahrhundert nach dem Tode Freuds, seltsam verengt, unzeitgemäß und über weite Strecken naiv anmutet.

Identifikation von Aufklärung und Wissenschaft

Ohne einen Anflug von Skepsis, Irritation oder Zögern erkennen zu lassen, folgt Gay Freuds vorbehaltloser Identifikation von Aufklärung und Wissenschaft. Das wirkt einerseits ungemein erfrischend in einer Zeit, in der man sich des Eindrucks kaum erwehren kann, als würde (in weiten Teilen der mit der »Seele« befaßten Wissenschaften) der während der letzten zwei Jahrhunderte mühsam genug erarbeitete Unterschied zwischen Psychologie und Religion wieder eingezogen; als habe sich überhaupt der Frontverlauf zwischen Religion und Wissenschaft nicht nur verschoben, sondern geradezu umgekehrt; als stehe die Religion auf Seiten der Aufklärung gegen eine szientifisch beschränkte Vernunft, die, befangen im cartesischen Wahn eines allseits geometrisch oder algebraisch organisierten Verfügungswissens, jedes Maß für eine Welt mit menschlichem Anlitz verloren habe und als könne einzig theologische Rückbesinnung auf den weltüberhoben-göttlichen Ursprung menschlichen Seins die urteilssichernde Wahrheitsgewähr bieten, die Menschheit über die unbewußten Triebkräfte jenes Wahns und Wollens aufzuklären. Andernteils läßt die Lektüre des Buches doch auch einige Fragen offen, die, in dem sie aufgeworfen werden, nicht auf eine Verteidigung oder Aufwertung der Religion abzielen, sondern Aufschluß verlangen über die Gründe, welche die Psychoanalyse bewegt haben, das Blickfeld derart zu verengen.

Die Skepsis gegenüber Gay beginnt bereits mit der Frage, weshalb der Autor, in impliziter Zustimmung zu Freud, die »wissenschaftliche Weltanschauung« als einzig legitimen Ort der Vernunft oder als einzig tragfähige Basis der Religionskritik anerkennt? Und das, obgleich schon die Rede Freuds von der »wissenschaftlichen Weltanschauung« in höchstem Grade verdächtig erscheint. Sie läßt die Vermutung aufkeimen, daß Freud Wissenschaft nach Maßgabe eines religiösen Weltverhältnisses interpretiert. Jene (zu Beginn des Jahrhunderts allgemein verbreitete) Redewendung wirkt deshalb entlarvend, weil Wissenschaft wegen des detotalisierenden Richtungssinns ihrer Aussagen jeder Weltanschauung abhold ist oder wenigstens sein müßte, »wissenschaftliche Weltanschauung« eine contradictio in adjecto ist und der religionsanalogen Erwartung auf eine Weltauslegung im Ganzen – das eben meint Weltanschauung – vom Grundsatz her entgegengesetzt ist.

Freud macht deutliche Unterschiede in der Analyse der kulturellen Überbauphänomene. Auch die Kunst wird gegenüber der Wissenschaft abgewertet; Wissenschaft allein verkörpert das aufgeklärte Ideal einer Erziehung zur Realitätstüchtigkeit, denn sie lehrt als einzige, jede Erfahrung dem langwierigen und mühseligen Geschäft der Realitätsprüfung zu unterziehen und damit die Unterscheidung zwischen halluzinatorischer Wunschbefriedigung vermittels Phantasie auf der einen und einer unmittelbaren Triebbefriedigung versagenden Realität auf der anderen Seite als grundlegende Voraussetzung realitätsgerechten Handelns zu akzeptieren. Das heißt, Wissenschaft vor allem erfüllt die Funktion der Triebsublimierung in ausgezeichneter Weise. Der Religion dagegen wird jede schöpferisch-produktive Leistung abgesprochen. So wird denn auch der Anteil, den sie unbestritten im System von Kulturarbeit und Triebsublimierung hat, in keiner Weise in Rechnung gestellt, geschweige denn gewürdigt. Der Kunst wie den anderen Formen kulturellen Ausdrucks wird, trotz der Gefahr, den Nationalismus und damit die Konfliktbereitschaft unter den Völkern zu befördern, der Status einer narzißtischen Ersatzbefriedigung zugestanden. Der Religion dagegen nicht einmal dieser. In ihrer Funktion einer Vertröstung auf das Jenseits und einer Entwertung des Diesseits ist sie nichts weiter als ein Symptom für eine kollektive Zwangsneurose. Im Gegensatz zu den Weltsichten (der Kunst, der Religionen, der Mythen, des Alltagslebens usf.), die den Schein nicht von der Wirklichkeit zu scheiden wissen oder es nicht wissen wollen, verfügt die Wissenschaft, so Gay in der Gefolgschaft Freuds, über ein hinreichend valides Abgrenzungskriterium zweifelsfrei zwischen Wunsch und Wirklichkeit, Kunst und (Aber-) Glauben, Wissenschaft und Religion zu unterscheiden.

Korrigierbarkeit

Wissenschaftliche Urteile seien überprüfbare Erfahrungsurteile und dementsprechend durch die Forschergemeinschaft korrigierbar. Die Mitglieder religiöser Glaubensgemeinschaften dagegen litten unter religiösen Denkhemmungen; sie seien in Illusionen befangen, weil sie die Herkunft religiöser Bindungskräfte und Gefühle aus infantilen Wunscherfüllungsphantasien nicht durchschauten. Sie hegten zärtliche Bindungen an die Inhalte der Religion und seien daher für Vernunft und aufgeklärte Argumentation nicht zugänglich. – Gegen diese ›Argumentation‹ ließen sich eine Reihe schwerwiegender Bedenken ins Feld führen. Das auszuführen ist hier nicht der Ort; nur an die systematische Schwäche der Korrigierbarkeit/Unkorrigierbarkeitsthese soll in knapper Form erinnert werden.

Weil Vernunft mit Wissenschaftshandeln gleichgesetzt wird oder dieses jene zu verkörpern sich anmaßt, ist der kategoriale Rahmen innerhalb dessen die Überprüfung der Urteile auf den Wunsch- oder Wirklichkeitsgehalt stattfindet, von vornherein auf das schmale Band von Erfahrungen eingegrenzt, die wissenschaftlich operationalisiert und zu verifizierbaren Tatsachen verdichtet werden können. Die Grundsätze wissenschaftlicher Erfahrungsbildung vorentwerfen den Horizont, in dem religiöse Glaubenssätze, mythische Erzählungen, alltagsweltlichen Äußerungen und wissenschaftliche Aussagen, den Standards methodisch kontrollierter Erfahrung gemäß, sich ausweisen müssen. Das Prädikat »wirklich« kommt allein kognitiv beschränkten Tatsachenurteilen zu, wobei der lebenswichtige Aspekt der Prägnanz oder Bedeutsamkeit einer Erfahrung, der jene Äußerungen über die auf Tatsachenfindung abgestellte kognitive Funktion hinaushebt, überhaupt nicht in den Blick kommt. Das heißt aber auch, daß über die wissenschaftliche Weltanschauung als Ganze, oder wie Freud auch sagt, die »wissenschaftliche Einstellung« kein Entscheidungsexperiment simuliert werden kann. Vielmehr wird jene »Einstellung« als apriori wahr und für alle Zugänge zur wirklichen Welt als gleichermaßen verbindlich – und das ist dogmatisch – vorausgesetzt. Die Argumentation ist schlicht tautologisch, hat sie doch strukturell zum Ergebnis, was sie schon zu Anfang als wahr unterstellt hat. Die wissenschaftliche Weltsicht als Ganze ist dem Prüfkriterium der Korrigierbarkeit genauso enthoben, wie die Existenz jenseitiger Götter und Mächte den religiösen oder mythischen Weltordnungen. Das Korrigierbarkeitsargument macht nur Sinn für Typen von Fragen und Realitätsüberprüfungstests, die zuletzt auf die Verifikation oder Falsifikation von Tatsachenbehauptungen abzielen. Das aber läßt sich für die eher narrativen und keineswegs wissenschaftsförmig ausdifferenzierten Weltzugänge nicht ohne wirklichkeitszerstörende Abstraktionen behaupten.

Eng verbunden mit dem Pathos der Korrigierbarkeit wissenschaftlicher Aussagen ist der letzte und vielleicht gravierendste Mangel, den Gays unkritische Rekonstruktion der Beziehung von Religion und Psychoanalyse zu sehen lehrt. Dieser Mangel beleuchtet die Identifikation von Wissenschaft und Vernunft (Aufklärung) von einer anderen Seite. Sie erschließt sich, sobald man danach fragt, aus welchem Grund eigentlich Freud die Wissenschaft – gleichfalls Teil des soziokulturellen Systems – nicht ebenso einer Psychoanalyse unterzieht, wie die anderen, kulturell vergleichbaren Institutionen der Selbstvergewisserung und Selbstverständigung? Warum also keine Affektanalyse des Wissenschaftshandelns? Hatte nicht Nietzsche (unter Zuhilfenahme der Optik des Künstlers) schon einige hoch bedeutende Bruchstücke der dramatische Synthesen und Konflikte jener unterirdischen Geschichte ans Licht befördert, welche die Wissenschaft eng mit der Moral, der Dialektik von Souveränität und Versklavung, Macht und Vernunft, Metaphysik und Aufklärung, dem Überreichtum des Lebens und der tristesse der Nützlichkeit verschränkt gezeigt hatte? Und könnte nicht vielleicht auf den Anteil der Kunst, den die Psychoanalyse unabdingbar in Theorie und Praxis einschließt, unbefangener reflektiert werden, folgte man ein Stück weit den versprengten Spuren Nietzsches in den Affektuntergrund der Wissenschaften?

Gay übergeht, indem er sich so vollständig die Freudsche Einstellung zur Religion zueigen macht, den neuen Stand der Dinge, auch den, daß der kämpferische Atheismus Freuds, der des 19. Jahrhunderts, nicht mehr der postmoderne ist, welcher die Phänomene der Religion eher mit Gleichgültigkeit und Desinteresse betrachtet. – Oder sollte nach einer Epoche intellektuellen Desinteresses an Religion und Mythos, im Zeitalter von ›new age‹, eine neue Konstellation entstehen, welche die vorherrschend gleichgültige Beziehung von Religion und Psychologie über eine neue, gemeinsame Basis definiert? Aber auch dieser Fall, gesetzt er träte ein, machte eine Reflexion auf den kategorialen Rahmen der historischen Rekonstruktion jener Beziehung notwendig.

Nachwort

Die Psychoanalyse fühlt sich dem Ethos rückhaltloser Wahrheitssuche verpflichtet. Das ›Sich keine Illusionen machen‹ beschreibt ihre Aufklärungsabsicht sicher treffend. Die Psychoanalyse sucht dem Schein zu entsagen, gleichviel in welcher Gestalt er auftritt: ob als religiöse Illusion, als mythenbildende Projektion oder als kollektiver Wahn. Sie lehrt der schmerzlichen Anerkenntnis der Realität den Vorrang vor allen Chimären der Einbildungskraft und der Wunschphantasien einzuräumen. Freud bezeichnet diese Orientierung sogar als »the great ethical element in the psychoanalytic work« (S. Freud an J. Putnam. Brief v. 30. 3. 1914), der es um die Wahrheit und nur um die Wahrheit gehe. Dabei stützt sie sich nicht nur auf die Überzeugung, daß die Psychoanalyse Wissenschaft sei, sondern auch darauf, daß mit der Übernahme der »wissenschaftlichen Einstellung« eine Art (metaphysische) Wahrheitsgarantie verbunden sei, die sie berechtigte, alle nicht wissenschaftsförmig ausdifferenzierten Aussagen und Erfahrungen als mit Schein und Illusionen behaftet abzuwerten.

Diese Wahrheitsgewißheit der Wissenschaften ist brüchig geworden und mit der Legitimationsschwäche auch das Ideal der Metaphysik, das unversehens zur Grundlage des Wissenschaftshandelns geworden war: Wahrheit in Form zeitlos gültiger Aussagen zu ermitteln. Auch das Wissenschaftshandeln ist, wie Nietzsche hervorgehoben hat, ein ›Konstruieren‹, ›Zurechtmachen‹ und ›Zurechtfälschen‹ der Dinge und keine unbefleckte Erkenntnis dessen, was ist. Das verändert die Stellung des (wirklichen) Wissens zum Schein auf grundsätzliche Weise.

Müssen wir nicht mit Nietzsche fragen, ob unsere Spezies nicht grundsätzlich den Schein, die ›Lüge‹, die Kunst usf. nötig hat, um das Leben zu ertragen? Vielleicht ist das ›Scharfsehen‹, von dem Freud im Zusammenhang seiner Trieblehre spricht, ein bedenkliches Symptom? Womöglich wissen wir nicht einmal zu bestimmen, was genau das sagen soll? Wann und wie überhaupt wir davon sprechen können, etwas wirklich scharf gesehen oder gedacht zu haben? Die Dialektik von Wissen und Schein, Rationalität und Mythos macht deutlich, daß im Aufklärungshorizont der wissenschaftlichen Vernunft diese Fragen nicht mehr zureichend gestellt werden können; sie zeigen, welche Methodenprobleme der philosophischen Reflexion in Zukunft daraus erwachsen.

Vorwort

JONES, E., *Das Leben und Werk von S. Freud.* 3 Bände. Bern 1960–1962. Bd. 2.

MANN, Th., *Freud und die Zukunft.* In: Abriß der Psychoanalyse. Frankfurt/Main 1970.

Vom Erkennen und Erfinden seiner selbst

BERNHARD, Th., *Gehen.* Frankfurt/Main 1971.

BÖHME, G., *Der Typ Sokrates.* Frankfurt/Main 1988.

FOERSTER, v. H., *Sicht und Einsicht.* Versuche zu einer operativen Erkenntnistheorie. Braunschweig/Wiesbaden 1985.

FREUD, S., *Neue Folge der Vorlesungen zur Einführung in die Psychoanalyse.* Ges. Werke Bd. XV. London 1968[3].

FREUD, S., *Die Traumdeutung.* Ges. Werke Bd. II/III. London 1968[3].

GAMM, G., *In der Leere der verschwundenen Metaphysik.* Das Ästhetische in der psychoanalytischen Therapeutik. In: Gamm, G./ Kimmerle, G. (Hg), Ethik und Ästhetik. Nachmetaphysische Perspektiven. Tübingen 1990.

GOETHE, v., J. W., *Maximen und Reflexionen.* München 1970.

HORKHEIMER, M., *Zur Kritik der instrumentellen Vernunft.* Hg. A. Schmidt, Frankfurt/Main. 1967.

KANT, I., *Kritik der Urteilskraft.* Kants Werke. Akademie Textausgabe. Berlin 1968. Bd. IV.

KANT, I., *Metaphysische Anfangsgründe der Naturwissenschaften.* Kants Werke. Akademie Textausgabe. Berlin 1968. Bd. V.

MEAD, G. H., *Geist, Identität, Gesellschaft.* Frankfurt/Main 1973.

MUSIL, R., *Der Mann ohne Eigenschaften.* Hamburg 1952.

NIETZSCHE, F., *Werke in drei Bänden.* Hg. v. K. Schlechta. München 1966.

NOWOTNY, H., *Eigenzeit.* Entstehung und Strukturierung eines Zeitgefühls. Frankfurt/Main 1989.

RORTY, R., *Solidarität und Objektivität.* Stuttgart 1988.

SIMMEL, G., *Das Geld in der modernen Kultur.* In: Schriften zur Soziologie. Frankfurt/Main 1983.

WEISS, J., *Strategien des Unbewußten.* In: Spektrum der Wissenschaft. 5/1990.

Erinnerungsschwäche und Identitätsschwund

ERASMUS von Rotterdam, *Das Lob der Torheit.* Übersetzt von A. Hartmann. Mit Holbeinschen Randzeichnungen herausgegeben von E. Mayer. Basel 1966[6].

FOUCAULT, M., *Wahnsinn und Gesellschaft.* Eine Geschichte des Wahns im Zeitalter der Vernunft. Aus dem Französ. von U. Köppen. Frankfurt/Main 1969.

GAMM, G., *Der Wahnsinn in der Vernunft.* Historische und erkenntniskritische Studien zur Dialektik des Andersseins in der Philosophie Hegels. Bonn 1981.

HEGEL, G. W. F., *Jenaer Schriften.* Werke in zwanzig Bänden. Bd. 2. Frankfurt/Main 1970.

HEGEL, G. W. F., *Phänomenologie des Geistes.* Sämtliche Werke in zwanzig Bänden. Bd. 2. Stuttgart-Bad Cannstatt 1964.

HUIZINGA, J., *Europäischer Humanismus: Erasmus.* Hamburg 1958.

KANT, I., *Anthropologie in pragmatischer Hinsicht.* Kants Werke. Akademie Textausgabe. Berlin 1968. Bd. VII.

STAROBINSKI, J., *Montaigne. Denken und Existenz*. München 1986.

Die Metaphorik der Wahrheit

ADORNO, Th. W., *Philosophische Terminologie*. Bd. 2. Frankfurt/Main 1974.

ARNAULD, A., *Die Logik oder die Kunst des Denkens*. (Dt. Übers. nach der 6. Auflage 1685) Darmstadt 1972.

BACON, F., *Neues Organ der Wissenschaften* (1620) Darmstadt 1974.

BLUMENBERG, H., *Anthropologische Annäherungen an die Aktualität der Rhetorik*. In: Wirklichkeiten in denen wir leben. Stuttgart 1981.

BOURDIEU, P., *Was heißt Sprechen?* Die Ökonomie des sprachlichen Tausches. Wien 1990.

FOUCAULT, M., *Die Ordnung der Dinge*. Eine Archäologie der Humanwissenschaften. Frankfurt/Main 1971.

GAMM, G., *Wahrheit als Differenz*. Studien zu einer anderen Theorie der Moderne. Frankfurt/Main 1986.

GAMM, G., *Eindimensionale Kommunikation*. Vernunft und Rhetorik in J. Habermas' Deutung der Moderne. Würzburg 1987.

GORGIAS von Leontinoi, *Reden, Fragmente und Testimonien*. Hg. mit Übers. und Komm. von Th. Buchheim. Hamburg 1989.

HABERMAS, J., *Der philosophische Diskurs der Moderne*. Frankfurt/Main 1985.

HEGEL, G. W. F., *Vorlesungen über die Ästhetik*. Werke in 20 Bänden. Bd. 13. Frankfurt/Main 1970.

KANT, I., *Kritik der Urteilskraft*. Kants Werke. Akademie Textausgabe. Bd. V. Berlin 1968.

KANT, I., *Reflexionen zur Anthropologie*. Akademie Ausgabe. Bd. XV/I. Berlin 1968.

PAUL, J., *Vorschule der Ästhetik*. Werke in sechs Bänden. München 1980. Bd. 5.

NIETZSCHE, F., *Wahrheit und Lüge im außermoralischen Sinn*. Werke in drei Bänden. München 1966. Bd. 3.

Nietzsche, F., *Darstellung der antiken Rhetorik*. In: Philologica. Drei Bände. Leipzig 1910–1913. Bd. 2.
Schelling, F. W., *Einleitung in die Philosophie der Mythologie*. Sämtl. Werke. Band I.
Vattimo, G., *Das Ende der Moderne*. München 1990.
Wittgenstein, L., *Philosophische Untersuchungen*. Frankfurt/Main 1977.

Die Schönheit des Audrucks und das Erkennen der Sache selbst

Adorno, Th. W., *Negative Dialektik*. Frankfurt/Main 1966.
Adorno, Th. W., *Minima Moralia*. Reflexionen aus dem beschädigten Leben. Frankfurt/Main 1970.
Adorno, Th. W., *Gesammelte Schriften*. Frankfurt/Main 1973ff.
Berlin, J., *Wider das Geläufige*. Aufsätze zur Ideengeschichte. Frankfurt/Main 1981.
Gamm, G., *Surrealität und Vernunft*. Zum Verhältnis von System und Kritik bei Th. W. Adorno. In: Angesichts objektiver Verblendung. (Hg.) G. Gamm. Tübingen 1985.
Luhmann, N., *Soziale Systeme*. Grundriß einer allgemeinen Theorie. Frankfurt/Main 1984.

Symbole des Ursprungs

Bourdieu, P., *Sozialer Sinn*. Kritik der theoretischen Vernunft. Übers. G. Seib. Frankfurt/Main 1987.
Devereux, G., *Angst und Methode in den Verhaltenswissenschaften*. München 1967.
Eco, U., *Das Irrationale*. In: Universitas, 43. Jahrgang. Stuttgart 1988.
Erinnerungen, Träume, Gedanken von C. G. Jung. Aufgezeichnet und herausgegeben von A. Jaffe. Sonderausgabe. Olten 1987.
Evers, T., *Mythos und Emanzipation*. Eine kritische Annäherung an C. G. Jung. Hamburg 1987.

FREUD, S., *Gesammelte Werke*. Chronologisch geordnet. Bd. XVI, 1932–1939. Hrsg. von A. Freud. 1968³.

HEGEL, G. W. F., *Phänomenologie des Geistes*. Jubiläumsausgabe in zwanzig Bänden. Stuttgart-Bad Cannstatt 1964.

JUNG, C. G., *Grundwerk*. Bd. 1–9. Olten 1985.

JUNG, C. G., *Der Mensch und seine Symbole*. Olten/Freiburg 1987¹⁰.

JUNG, C. G., *Gesammelte Werke*. Olten/Freiburg 1960–1978.

KAFKA, F., *Hochzeitsvorbereitungen auf dem Lande*. Taschenbuchausgabe. Frankfurt/Main. 1976.

SIMMEL, G., *Das Geheimnis und die geheime Gesellschaft*. In: Soziologie. Leipzig 1983⁶.

WITTGENSTEIN, L., *Philosophische Untersuchungen*. Frankfurt/Main 1977.

Wahrheit aus dem Unbewußten

ABRAHAM, K., *Traum und Mythos*. In: Schriften zur Theorie und Anwendung der Psychoanalyse. Eine Auswahl. Hrsg. J. Cremerius. Frankfurt/Main 1972.

ARISTOTELES, *Politik*, Hrsg. G. Bien, Hamburg 1981.

BLUMENBERG, H., *Arbeit am Mythos*, Frankfurt/Main 1979.

ELLENBERGER, H. F., *Die Entdeckung des Unbewußten*. Bd. II. Bern 1973.

FREUD, S., *Gesammelte Werke*. Hrsg. von A. Freud 1968³.

JACOBI, J., *Die Psychologie von C. G. Jung*. Mit einem Geleitwort von C. G. Jung. Frankfurt/Main 1978.

JUNG, C. G., *Grundwerk*. Bd. 1–9. Olten/Freiburg 1985.

JUNG, C. G., *Der Mensch und seine Symbole*. Olten/Freiburg 1987¹⁰.

KIMMERLE, G., *Verneinung und Wiederkehr*. Tübingen 1988.

KIRK, G. S., *Griechische Mythen*. Ihre Bedeutung und Funktion. Hamburg 1987.

PICHT, G., *Kunst und Mythos*. Vorlesungen und Schriften. Stuttgart 1986.

SCHMID NOERR, G., *Mythologie des Imaginären oder imaginäre*

Mythologie? In: Psyche. Heft 7. XXXVI Jg. 1985.
VIVELO, F. R., *Handbuch der Kulturanthropologie.* München 1988.

Psychoanalyse und Religion

GAY, P., ›*Ein gottloser Jude*‹. Sigmund Freuds Atheismus und die Entwicklung der Psychoanalyse. Aus dem Amerikanischen von K. Berisch. Frankfurt/Main 1988.

Vom Erkennen und Erfinden seiner selbst
Radioessay. Der Kern dieses Textes geht zurück auf einen Vortrag im Psychiatrischen Landeskrankenhaus Rheinhausen/Duisburg (Prof. Dr. A. Drees). Erweitert und ausgearbeitet für das Abendstudio des Hess. Rundfunks. Gesendet unter dem Titel: Identität und Illusion. 21. 08. 1990. Unveröffentlicht.

Erinnerungsschwäche und Identitätsschwund
Überarbeiteter Vortrag. Zuerst gehalten auf dem Internationalen Hegelkongreß in Rotterdam/Holl. 1984. Unveröffentlicht.

Die Metaphorik der Wahrheit
Radioessay für das Abendstudio des Hess. Rundfunks mit dem Titel: Die Kunst der Überlistung, Logik und Rhetorik. Sendetermin 26. 02. 1991. Für den Druck überarbeitet und stark erweitert. Unveröffentlicht.

Von der Schönheit des Ausdrucks und
das Erkennen der Sache selbst
Vortrag auf dem Internationalen Kolloquium zum Thema ›Das Denken der Differenz‹ Rotterdam 1985. Veröffentlicht unter dem Titel: Wahrheit und sprachlicher Ausdruck. In: (Hg.) H. Kimmerle: Das Andere und das Denken der Verschiedenheit. Akten eines Internat. Kolloquiums. Rotterdam 1987.

Symbole des Ursprungs
Zuerst erschienen in: Luzifer-Amor. Zeitschrift für die Geschichte der Psychoanalyse. 2. Jg. Heft 4. Tübingen 1989.

Wahrheit aus dem Unbewußten
Erweiterter und überarbeiteter Text eines Radioessays, den der Hess. Rundfunk im Rahmen einer Sendereihe mit dem Titel ›Macht des Mythos – Ohnmacht der Vernunft‹ gesendet hat. Unter dem gleichnamigen Titel veröffentlicht von P. Kemper (Hg.) Frankfurt/Main 1989.

Psychoanalyse und Religion
Veröffentlicht in: Luzifer-Amor. Zeitschrift für die Geschichte der Psychoanalyse. 2. Jg. Heft 3, Tübingen 1989.